升级版

重构

升级你的竞争优势

杨永华◎著

中华工商联合出版社

图书在版编目（CIP）数据

重构：升级你的竞争优势 / 杨永华著. —北京：中华工商联合出版社，2021.12

ISBN 978-7-5158-3185-5

Ⅰ.①重… Ⅱ.①杨… Ⅲ.①企业管理 Ⅳ.①F272

中国版本图书馆 CIP 数据核字（2021）第 210537 号

重构：升级你的竞争优势

作　　者：杨永华
出 品 人：李　梁
责任编辑：于建廷　王　欢
装帧设计：仙　境
责任审读：傅德华
责任印制：迈致红
出版发行：中华工商联合出版社有限责任公司
印　　刷：天津丰富彩艺印刷有限公司
版　　次：2021 年 12 月第 1 版
印　　次：2021 年 12 月第 1 次印刷
开　　本：880mm×1230mm　1/32
字　　数：163 千字
印　　张：7
书　　号：ISBN 978-7-5158-3185-5
定　　价：98.00 元

服务热线：010－58301130－0（前台）
销售热线：010－58301132（发行部）
010－58302977（网络部）
010－58302837（馆配部、新媒体部）
010－58302813（团购部）
地址邮编：北京市西城区西环广场 A 座
19－20 层，100044
http：//www.chgslcbs.cn
投稿热线：010－58302907（总编室）
投稿邮箱：1621239583@qq.com

工商联版图书
版权所有　侵权必究

凡本社图书出现印装质量问题，
请与印务部联系。
联系电话：010－58302915

“把书写薄见功力，把书读薄是智慧。”这是我的座右铭。我的家乡在老子故里河南鹿邑。老子的《道德经》虽然只有5000多字，却是中国历史上最重要的著作之一，流传数千年，我自幼诵读《道德经》，深受老子的思想熏陶，懂得了大道至简的道理。从业以来，我一直运用大道至简的“本质思维”帮助企业走出困境，再创辉煌。

2018年3月本书出版发行之后，不同行业、不同规模的企业加以解读并投入实践。很多企业邀请我们为他们做培训，同时提供咨询服务。为了满足大量的企业需求，我们联合很多机构，包括中国人民大学在内的著名高等院校商学院，以及阿里巴巴、华为、京东、茅台集团在内的著名企业商学院，一起为企业做培训，开课数千场次，有1000多个企业慕名咨询。

2018年10月，我们与中国人民大学进行“中国企业重构与重生理论”课题研究，专门成立课题组，我出任课题组组长，中国人民大学更是从商学院、信息工程管理学院等院系抽调骨干力量加入课题组。我们对华为、阿里巴巴、小米、京东、拼多多、养元集团、汾酒集团、浙江华美电器集团、星星电器集团、伊利集团、双汇集团、牧原股份等著名企业做了专题研究，对重构与重生的理论及实践做了系统的升华，推动本书再版。

本书再版的一个目的是展示实践成果。本书 2018 年 3 月出版，是中国经济迎来“重构性”改革之时。全球经济大变局之下，经过 3 年多的“重构”，中国企业究竟做了哪些改进，积累了哪些值得其他企业学习的经验，一些企业失败的教训又是什么？这些问题都需要仔细梳理，找出答案。我们将企业的实践成果展示给大家，为大家提供参考。

这本书再版的另一个目的是号召企业家参与“重构才能重生”这一课题的思考，并且加以实践，帮助一些处于事业低谷的企业摆脱困境。

2017 年以来，中国主板有 3100 家上市公司，截至 2021 年 6 月，“爆雷”的有 600 家，更换大股东的有 1000 家，不仅上市公司，省级重点支柱产业的一些龙头企业也面临困境。

中国企业在“重构才能重生”的战略方面没有完成思考，还需要进行长期实践。尽管一大批企业在重构的阵痛中重生，但是还有一些企业在苦苦挣扎，有的企业甚至消失在我们的视野中。

再版的书中不仅增加了“中国企业重构与重生理论”课题组的研究成果，还增加了企业的实践成果案例和方法，重点分析和总结了一些企业重构失败的根本原因。

一本经典的书要把握时代脉搏，更要掌握事物发展的规律。企业的决策团队即使把哈佛的教材倒背如流，也未必能让企业成功，究其原因，适用于企业自身的理论才是有用的理论。

我们深知被企业广泛应用并取得经营成果的理论才能被称为“经典”。再版这本书，不是为了拥有更多的读者，而是为了拥有更多“重构才能重生”的实践者。

达尔文在《进化论》中提出其核心思想：物竞天择，适者生存，不适者被淘汰。达尔文的思想揭示了竞争与生存的本质，即生存需要不断进化，而进化的本质是升级竞争优势。没有竞争优势的事物都会消失。做企业，做百年基业更是这样。

企业要想生存和长存，就必须保持竞争优势不断升级。竞争优势就是相比竞争对手，自己可以拥有的可持续性优势。竞争优势有比较竞争优势和绝对竞争优势之分。企业只有持续提升并保持比较竞争优势，才能拥有绝对竞争优势。

毋庸置疑，从竞争的角度看，竞争优势不仅是企业生存的根基，还是企业长存的法宝。凡是“昙花一现”的企业，都是因为没有适时升级竞争优势，凡是不能成为百年基业的企业，都是没有持续升级竞争优势，最终将比较竞争优势升级为绝对竞争优势的企业。

实践中，很多企业也会因为无法超越对手的竞争优势而“屈居第二”。超越“第一”需要差异化竞争，所以很多企业将差异化竞争理解为“颠覆性创新”，甚至是“发明”。事实上，超越“第一”需要的不是“另起炉灶”，更不是搞“独门绝技”，而是霍元甲的“迷踪拳”，即“集百家之长，成一家之言”。

“战略是战术的总和。”这是个方向性的命题，也是企业的目标，但是如果没有方法来实现目标，目标就是“大饼”。

本书就是通过对重构的实践和研究成果解读，告诉企业怎么做才能持续升级竞争优势，从比较竞争优势逐步实现绝对竞争优势。

当然，企业实现从理解到实践应用，不仅需要从重构的本质到竞争优势的本质实现“贯通”，还需要从经营要素中总结出适合自身企业的重构路径和方法。对于企业的决策而言，没有对错，只有选择适合自己并持之以恒。

从 2012 年开始，面对社会经济的大变局，我们便以自我思维“重构”才能实现在咨询界“重生”的危机感、紧迫感，持之以恒，坚持对“重构才能重生”的企业经营战略进行实践并加以研究。截至目前，已经有 10 个年头，我们回过头来看，凡是获得重生，成功实现逆袭的企业都是深刻理解重构本质的企业，也是做到了在传承中创新的企业。本书是对重构这一理论与方法的阐释。

本书包括两部分内容，分别是上篇“为什么重构才能重生”和下篇“从重构到重生的七大方法”。

上篇主要基于重构原理，从重构的概念开始讲述当前企业遇到的难题，尤其是在互联网大背景下企业面临的困顿。

本部分内容从解读企业的困顿开始，深入分析新环境下“新时代的市场特征”，尤其是从“物资短缺”到“总量过剩”的供需矛盾。从表面上看，各个行业出现“总量过剩”是一个棘手的问题，但是我们透过现象看本质，个性（结构）不足才是出现“总量过剩”问题的症结所在，“总量过剩”的背后蕴藏着极大的商机，反映出新时代背景下消费者的个性化需求没有得到满足，企业要在产品研发上下功夫，创新产品，满足消费者日益多样化、个性化的需求。

俗话说："不会看的看热闹，会看的看门道。"对于工业品和中间产品而言，其"门道"在于理解"用户的用户"的需求，然后主动和自己的用户实现"一体化"，以实现用户的面向消费者实现竞争优势。诸如量产为目标生产标准化产品的设备制造商，在用户面对个性化消费的时候，提出购买"个性化、小批量"定制设备时，就会觉得用户要求和经营目标不一致，就会觉得用户不可理喻。

针对企业在现实中遇到的问题，我们进行详细的解读，对当前互联网带给企业的困扰予以剖析，提出"颠覆企业的不是技术，而是顾客"的核心观点。通过这一观点告诉企业要进行战略重构。"万变不离其宗"，"宗"是根本，"万变"是核心和前提。因为市场在变化，我们无法"以不变应万变"，只能"以万变应万变"，这样才能把"可能"变为"可控"。

从电商平台时代的"流量为王"到移动互联网时代的"存量为王"，再到私域流量时代的"价值为王"，消费互联网时代经历了这样的变迁过程。

上篇的内容增加了对消费互联网时代的变迁分析，揭示经营的本质是创造顾客（用户）并经营"顾客（用户）价值"。上篇还从商业生态重构及优胜劣汰的必然性两个方面分析了近几年频繁发生的并购重组。有一位创业者说："创办企业的目的就是为了把企业卖掉赚钱。"这句话的背后究竟蕴藏了什么商机？我们来为你解密。

下篇讲述的是从重构到重生的路径与方法。这一部分是本书的结论部分，主要是给出解决路径与方法。

首先，企业重构包括七大类型，分别是战略重构、品牌重构、市场重构、产品重构、营销重构、系统重构、管理重构，从不同的维度给出解决问题的路径与方法。

其次，通过分析案例对每个要素的重构进行剖析。因为快消品企业，尤其是食品类企业，市场空间很大，竞争非常激烈，所以本书的案例大多数是快消品企业案例，需要重点从各个要素的角度配以案例解读原理、路径和方法。快消品企业面对的是终端消费者，即产品的使用者，企业的重构思维是“走进顾客的生活方式”，通过这种方式找到消费者的痛点，实施产品重构，不断推出新的产品，满足消费者的需求，让企业在市场竞争中占据竞争优势，争取成为行业内的龙头企业。

相比快消品企业，工业品企业的重构原理和逻辑比较简单。工业品企业和服务业企业的重构思维就是“走进用户的生产方式”，企业不能成为简单的产品供应商，而要成为“综合解决方案”的提供商。

以机械企业为例，机械制造企业需要“走进用户的生产方式”，以供需一体化的战略思维思考用户的需求。比如一家从事包装印刷的企业不仅要满足用户的包装需求，更要考虑“用户体验”，不断提升服务水平。

以广告服务业为例，广告服务类企业需要“走进终端用户的生活方式”，重构企业自身的价值，不能简单地“卖媒体平台和时间段”，而是要深入研究传播战略和策略，在用户感到迷茫的时候告诉用户应该怎么做，还要告诉用户为什么这么做。比如包装设计公司不仅要研究如何设计包装，还要从终端用户的角度回答为什么这么设计。

当然，本部分的案例也会从行业与产品本质的角度解读问题。面对“总量过剩”的时代，企业经营规模下滑，如何通过重构实现重生？以啤酒企业和方便面企业为例，啤酒企业应该思考如何用“精酿啤酒”满足人们的个性化需求，而方便面企业也应该深刻理解方便面产品的本质变化，过去方便面的本质是“方便”，现在方便面企业要将产品的本质升级为“美味、健康”。

本书列举的是观峰咨询团队服务项目的部分案例，这些都是复盘式的案例。当然，我们列举案例只是启发企业创新思维模式，不是给企业提供可以完全照搬的模式。案例部分重点解读了汾酒和统一，通过回顾这些企业的发展历程，从决策思维和顶层设计的角度阐述了企业采用顾客思维，在竞争中取胜的基本道理。

为了启发企业创新思维模式，我们以重构理论体系分析“柯达”这个典型案例，从中找出企业失败的原因。

我们在为企业提供咨询策划服务的过程中，经过长期实践，深入研究，将心得加以总结，集结成册，希望帮助企业走出事业的低谷，迎接崭新的未来。

目录

上　篇

为什么重构才能重生

随着中国全面深化改革开放，很多国外先进企业参与国内的市场竞争，中国企业管理者只有通过企业重构，让企业重生，才能让自己的企业具备核心竞争力，在激烈的市场竞争中站稳脚跟，取得骄人的业绩。

一、什么是重构

企业管理者要充分认识到企业重构的必要性和紧迫性，厘清企业重构的概念，确保战略方向正确，再对企业进行重构。一旦企业重构失败，企业管理者要找到出现问题的原因，并且加以改进，使企业得到长足的发展。

1. 纠正错误的认知

我们要正确认识重构。

（1）重构不是“颠覆”，而是“老树发新芽”

一些企业管理者看到“重构”一词，首先想到的是“颠覆”，是将过去的一切推倒重来。企业管理者的这种思维模式限制了企业的发展，让企业停滞不前。因为将过去的一切推翻重来很容易做到，企业能否获得新生则很难确定。所以，很多错误理解重构本质的企业管理者会因为企业未来发展的不确定性而对企业重构产生抗拒心理。

2016 年，我们和当时在国内同行业中排名第四的 J 啤酒企业合作，为其提供咨询服务。我们认为啤酒行业已经进入高度集中的垄断期，而且未来的竞争是品牌和资本的竞争，规模已经不再是比较竞争优势，而 J 啤酒企业在啤酒行业中已经不具备竞争优势。我们提出战略重构的观点，从方便消费者的角度出发，对企业进行重构：一是放弃玻璃瓶装啤酒，发力易拉罐装啤酒，提升品牌影响力和产品档次，提升产品附加值；二是以工厂为依托，实现产品“不隔夜”，发力精酿啤酒，因为当时精酿啤酒出现井喷式需求。

我们一直以来的核心理念是成功不是解决了问题，而是抓住了机会。

时隔 5 年，我们再回头看，易拉罐装啤酒占据了 50% 以上的市场份额，而 10 元以上的啤酒成为主流产品，精酿啤酒渐成大势。当时没有及时转型的 J 啤酒厂家 2021 年 7 月开始实施养牛战略，似乎已经把啤酒产业当作副业来做。

（2）重构不是掉头，而是产品满足需求的再造

重构如同车辆在行驶途中变道，通过变道实现“弯道超车”。

很多企业管理者认为重构是“掉头行驶”，这是对重构本质的错误认知。重构是计算机术语，本意是程序再编，驱动软件的系统升级，也就是电脑硬件没有问题的时候，只需要重新编写程序，或者是对电脑驱动系统进行升级。

引申到企业经营管理领域，重构的本质是企业管理者转变经营管理思维。当客户需求没有出现问题的时候，如果企业经营出

现问题，陷入困境，企业管理者需要换一种思路经营企业，而不是只想着转换到另一个行业发展。而企业管理者转换思路的根本在于其对市场需求的准确把握。正如相机的胶卷时代向数字化摄影时代转换一样，企业管理者应该采用新兴科技去满足消费者日益增长的需求，而不是固守传统产品，让企业在竞争中被淘汰。相比消失的柯达胶卷，富士胶卷通过重构产品战略获得重生。

当然，J啤酒企业无法在啤酒行业中实现可持续经营的时候，选择发展养殖业也是进行战略重构，我们在此不加以赘述。

值得一提的是，浙江华美电器集团是中国传统家电行业的领军企业之一，而且拥有中国最早的冰箱上市企业“冰熊”品牌。面对传统家电产品“价格战”“规模战”的残酷竞争格局，尽管华美电器集团在传统家电行业中仍然占据很高的地位，但是通过修家电白手起家的蒋端平先生力排众议，果断实施战略重构，从传统家电行业进军“冷链”行业，从医药柜、熟食柜等产品做起，不断对产品进行升级换代，重构企业，让华美实现重生。

相比其他在市场上销声匿迹的数百家传统家电企业，华美电器集团是幸运的，但是这种幸运源自对市场需求的敏锐感知，源自创办人与时俱进的经营理念。企业管理者居安思危，这是驱动华美电器战略重构的内在动力。

（3）重构不是归零，而是基于对顾客（用户）价值进行细分，实现经营顾客（用户）价值

一些企业管理者认为企业重构是“另起炉灶”。其实，在面对主业的主导产品不符合消费趋势，或者是消费品因为科技革命而被迭代的情况下，企业需要做的是进行事业部制的组织变革，而不是“孤注一掷”地赌未来。如果墨守成规，企业很快会被淘汰。

相比其他先进企业，传统企业的短板是技术研发不足，更多的是产品模仿，打“价格战”。

技术领先是工业品企业可持续发展的根本，如果一味模仿其他企业的产品，企业很难持久发展。

从2012年开始，我们梳理了自己提供咨询服务的部分企业资料，通过研究相关案例，我们发现获得成功的企业存在一个共同规律：获得成功的企业，其管理者具备透过问题看本质的能力，能够抓住机遇。失败的企业，其管理者思维固化，只是为了解决问题而解决问题。

毋庸置疑，失败企业的管理者面临的最大问题是缺少具体问题具体分析的能力，以偏概全，完全从理论的角度出发，片面地认为可以复制其他企业的成功经验，而不是通过学习成功企业的管理经验，结合企业的实际情况，找到适合自己的方法。企业管理者要谨记一点：向成功企业学习的目的是循“果”推“因”，而不是据“果”推“果”。

2. 重新认识重构的意义

我们要以全新的视角重新认识重构的意义。

（1）只要企业管理者转换一种思维方式，所有企业都值得重新布局

这句话的意思是思路决定出路。就像我们开车看见前方的道路无法通往目的地，就需要重新规划路线前往目的地。

道理很简单，但是“当局者迷”，身处其中的人宁愿苦苦挣扎，也不愿意转换一种思维方式。我们经常听到一句话，就是“历史上的悲剧总是惊人的相似”，我们把这种悲剧归结为“宿命”。

（2）重构是对市场机会的再次认知

随着消费需求发生变化，市场机会也在不断轮转。

总体来看，消费品升级是为了满足人们日益增长的物质文化需求，而工业品迭代是驱动消费品升级的基础。

消费品企业必须把握需求升级的周期性节点，而工业品（中间产品）必须把握科技发展的节奏，成功实现产品迭代。

在全球“新冠”病毒肆虐的大背景下，人们更加注重生命质量，更加需要有“温度”的产品。医药部门攻坚克难，重构产品，研发出“新冠”疫苗，竖起免疫屏障，保护人民群众的生命安全。

无论是生产大型机械设备，还是建设高楼大厦，最终都会回到“以人为本”的本质上来，科技进步是为了满足人们日益增长的物质文化需求。

由此，我们对重构的概念进行梳理，得出一个综合结论：

①重构是围绕顾客或者用户价值创造的资源再配置。过去快消品行业的企业管理者采用传统的经营模式，把大量经费用于拓展渠道资源，现在这些企业的管理者通过转变思维方式，把大量经费用于“消费体验”。工业品（中间产品）主要是为用户提供综合解决方案，而非单纯地进行交易。

②重构是对企业经营、战略、品牌、组织、管理、营销、产品的系统升级，过去只需要考虑单一要素，现在则需要考虑所有要素。只有这样，才能从根本上解决问题，因为当下企业面临的问题是“时代性周期难题”，所以必须全方面解决问题。值得注意的是，全方面解决问题并不意味着所有项目一哄而上，而是首先聚焦某一个核心要素，然后通过核心要素重构形成的内在驱动力带动相关经营要素重构。关于这一点，我会在后面的文章中围

绕“思念系”千味央厨这一案例展开论述。

③重构是对企业从消费趋势、行业趋势到经营体系的重新审视、理性思考。基业长青不仅需要企业管理者保持战略定力，更需要其有远见，具备战略预判力。

④重构是对企业运营体系的一次赋能性重塑，“重启、重装、重组、重构”是解决企业时代性周期难题的有效对策。

⑤重构思维的本质是从以供给为中心转变为以需求为中心。立足消费需求，重构需求价值链和产业生态价值链。

⑥重构的方法是通过“解构”实现重塑。对于企业转型来说，变革是实现重构的重要路径。

⑦并购重组是企业重构的重要途径，并购重组并不是简单地进行资产整合，而是进行资源整合，是构建新型商业生态系统，提升价值创造力的必然过程。关于这个部分，我会在后面的文章中单独论述。

⑧重构是经营思维的转换，以系统重构的“迭代”思维实现“速度冲击规模”的战略。毋庸置疑，在显性机会（供不应求时期企业特有的机会，也是特定时期的机会）转变为隐性机会（供大于求时期，企业面临潜在增长的市场机会）的时代，企业必须把握从行业整体机会转变为局部机会，也就是通过产品细分找到新的消费需求，或者是通过需求细分找到产品升级迭代的机会。

3. 重构失败的原因

我们曾经为多个行业的企业提供咨询服务，通过复盘这些企业的重构过程，总结出企业重构失败的两个根本原因，我在此为大家逐一分析。

根本原因之一：合成谬误。

合成谬误（Fallacy of Composition）这一概念是由萨缪尔森提出来的。即它是一种谬误，对局部来说是对的东西，仅仅由于它对局部而言是对的，便说它对总体而言也必然是对的。

体现在具体实践过程中，企业中的一些部门围绕战略行动实施整体工作计划，而其他部门由于从“本位主义”出发，没有配合这些部门行动，结果必然导致企业整体战略行动失败，尤其是重构性的战略行动失败。如果企业管理者没有及时认识到企业整体战略行动中出现了“合成谬误”，企业发展就会陷入困境。

案例：波导、夏新、奥克斯进军汽车制造业，陷入“合成谬误”的陷阱

对一家企业适用的方法，对另一家企业而言未必适用。如果不了解这一点，企业很容易掉进“合成谬误”的陷阱。

2005 年 3 月，以生产空调闻名的奥克斯公司在进军汽车制造市场一年多以后，宣布终止生产 SUV 和皮卡，全面退出汽车制造业。与奥克斯公司经历相似的还有波导和夏新两家企业。2004 年 9 月，波导公司决定撤资，成为国内第一家正式退出汽车制造领域的跨界企业。2005 年初，夏新公司也宣布退出这一领域。

伴随着这些公司逐步退出汽车制造市场，国内汽车制造业利润出现大幅滑坡。国家统计局发布的信息显示，2005 年前两个月，国内汽车制造业利润同比下降 61.5%，尤其是整车制造业利润下降 78.4%，亏损高达 50% 以上。一方面是原材料价格不断上涨；另一方面是市场竞争日趋激烈，导致汽车价格不断走低，使得汽车制造业从以往的暴利行业转变为低利润行业。

此前却是另一番景象。2002—2003 年，国内汽车制造市场出现井喷式发展，众多汽车制造行业以外的企业，尤其是家电企业，以各种方式斥巨资进入汽车制造行业，美的、格林柯尔、奥克斯、夏新、波导等公司均在此列，引发了一场轰轰烈烈的“造车运动”。仅 2003 年，轿车整车制造企业就增加了 12 家。

短短两年时间发生了翻天覆地的变化，原因有很多，这些汽车制造业以外的公司脱离自己原来的主营业务，进入新的业务领域，缺乏汽车制造经验，国家宏观调控政策带来银根紧缩，国家颁布新的汽车产业相关政策，等等。除此之外，战略决策陷入“合成谬误”的陷阱是一个非常重要的原因。面对火爆的汽车制造市场，跃跃欲试的跨界者是否冷静地思考过这个问题：“在我准备从汽车制造市场分一杯羹的时候，还有多少企业也在打着同样的主意?”

值得庆幸的是，奥克斯等企业及时退出汽车制造市场。就奥克斯公司而言，虽然为此交了一笔高达数千万元的“学费”，汽车“三包”政策规定：“制造商应当保证汽车产品停产后 5 年内继续提供修理的零部件，而销售商或者修理商也必须在保修期内为产品提供相关免费服务。”也就是说，奥克斯公司必须为它已经销售的 3000 辆左右的汽车提供售后服务，但对于拥有 55 亿元总资产的奥克斯公司来说，汽车制造项目的经费投入较小，此时撤退，不失为明智的选择。

当然，“合成谬误”的战略决策不只是发生在汽车制造行业，手机、PC、VCD 机等制造领域都上演过同样的事件。

企业在推行战略多元化，准备进军新行业的时候，需要企业管理者具有远见，而不只是针对当下的情况进行战略预判。

我们在研究案例的时候发现了一个有意思的现象，“合成谬误”的战略决策一般发生在正处于迅速成长期的行业。《孙子兵法》云：“凡事预则立。”企业陷入战略决策的“合成谬误”，主要原因之一就在于企业管理者对市场的总体供给情况缺乏科学的预测。之所以出现战略决策的“合成谬误”，是企业基于时间序列实施简单、直观推演的结果，而没有考虑到竞争环境的动态变化。

在这种情况下，企业在选择进入一个陌生的行业之前，对其需求前景的判断往往较为准确，但对其供给潜力往往估计过低，殊不知在自己看好这一行业的同时，还有众多的竞争对手持有同样的看法。可悲的是，不少企业忽视了这一点。而企业进军一个陌生的行业一般需要较长时间，待专用性资产投资完成之后，企业管理者才发现该行业的市场需求虽然旺盛，这个“赛道”却拥挤不堪，竞争对手纷至沓来，企业陷入进退两难的境地：如果继续在该行业经营，需要面对白热化竞争，利润很低，甚至有可能亏损；如果选择退出该市场，则面临着专用性资产的巨大损失。

根本原因之二：归因错误。

归因是指人们对自己或他人的行为追溯原因的推理过程。具体来说，就是观察者对自己或他人的行为过程所进行的因果解释和推论，是人们对影响其行为的因素做出推论的一种认知过程。

在为一些企业提供咨询服务的过程中，我们发现这些企业对于咨询智业机构最大的期待是复制行业内的成功案例。在选择咨询智业机构的时候，这些企业首先考虑的是该机构是否有行业内服务的成功案例，如果有，这些企业就愿意请这家咨询智业机构为自己提供服务。这就好比一个人发烧，其他人就断言他是感冒了。事实上，诸多因素会导致这个人发烧，比如伤口发炎会导致人发烧，积食也会导致人发烧，等等。

从哲学意义上来说，天底下没有完全相同的两片树叶。事实上，这个世界上也没有完全相同的成功案例。

一些企业倒闭不是因为套用高深的理论，而是因为不懂得基本常识。还有一些企业获得成功，使用的“奇招”是被个别媒体“报道”出来的，专家“研究”出来的。

企业重构失败，主要是因为其经营管理团队存在这样的认知误区：只想找到自我认同感，不注重实际情况，采用“拿来主义”，盲目照搬其他企业的成功经验。

二、互联网迷途下的企业困顿与突围

我曾经为一家企业的老板提供多年的咨询服务，前一段时间，这位老板给我打来电话，他说了两件事，令我印象深刻。

一件事是他被北京一家知名大学录取，攻读 MBA 课程，过几天他就要到学校报到。他对我说这件事可能是因为这几年我一直鼓励他系统地学习管理课程。

另一件事是他到学校报到期间恰逢行业内举办全国春季糖酒会，每年举办糖酒会的时候企业特别忙。一是忙于自身布展；二是其他经销商也来参会，企业需要做好经销商的接待工作。他说自己已经将糖酒会期间的工作安排好了，上一年度一部分经销商在糖酒会上选择了同行业竞品，或者是扩大了经营范围，今年恰逢自己上课，他担心经销商还会选择竞品，或者是扩大经营范围，转移经营重心，不把他们的产品作为主营产品。于是，他计划在全国糖酒会召开期间，组织自己的经销商到云南参加七日游，这样做不仅可以借机向市场压货回款，还可以避免经销商去全国糖酒会选择竞品。

根据我与他多年相处的经验，我感觉他处在自我欣赏的状态，我对他说："你不用去名校读 MBA 课程，回家把你正上小学的孙子的语文课本找出来，仔细读读四个成语故事：掩耳盗铃、刻舟求剑、小马过河和乌鸦喝水。你难道不明白这样的道理？你把经销商组织到云南旅游，不让他们参加全国糖酒会，避免他们选择竞品，这种做法不是掩耳盗铃吗？他们不去糖酒会上选竞品，难道竞品销售人员不会主动上门推荐自己的产品？如果你的产品卖不出去，经销商难道不会主动和竞品销售人员洽谈合作事宜吗？"

企业决策者总是习惯性地陷入两个误区：一是拘泥现实经营，预见能力不足，或者说危机意识不足；二是思考问题表面化，把简单的问题复杂化。我们经常提醒企业决策者关注这样一种现象：移动互联网时代是充斥着大量信息的时代，企业决策者面临的最大挑战是"专注"，因为信息量过大，企业决策者需要具备甄别能力，从大量信息中选择对自己有用的信息。

我让这家企业的老板去读小学语文课本上的几个成语，因为这几个成语寓意深远。很多企业决策者总是在寻求"一招制敌"的大智慧，甚至是"一劳永逸"的好办法。企业的决策者总是认为让企业长盛不衰的经营法则必定高深莫测。

其实不然，企业决策者只要牢记掩耳盗铃的古训，就会与时俱进，敢于面对变化；企业决策者只要牢记刻舟求剑的寓意，就不会抱残守旧，陷入"因为成功而失败"的怪圈；企业决策者只要牢记小马过河的故事，就会坚信没有可以完全复制的成功模式，只有通过实践才能找到适合自己的成功模式；企业决策者只要牢记乌鸦喝水的故事，就会知道创造条件是成功的唯一出路，任何事情都不可能一蹴而就。

我们深入研究了数十家企业的案例，包括目前被互联网冲击最严重的传统企业，这些企业的决策者往往没有通过自身的蜕变与重构来适应新的形势，而是埋怨互联网这种新生事物让自己的企业陷入经营困境，他们常常说："要不是突然冒出来一个互联网，我……""如果不是互联网，我一定会……"我们给出的答案是经营企业没有"要不是"，更没有"如果"，只有"结果"。

我从事了十几年的企业战略、品牌、经营管理及营销咨询服务，由于所从事职业的关系，我看到很多企业发展过程中经历了不少波折。当下，由于经济发展处于转型期，消费升级换代，实体经济面临蜕变，传统企业压力倍增。未来，随着互联网、大数据、工业 4.0 时代等一系列新生事物的出现，传统企业的决策者会更加迷茫、焦虑。

面对前所未有的挑战，传统企业的出路何在，如何突破重重围困，走出一条适合自身的发展之路?

我认为传统企业的决策者应该先了解互联网时代的特点，再逐步探索适合自己的发展之路。

互联网时代的特点主要表现在以下几个方面：

1. 流量为王

互联网发展初期的典型特点是"流量为王"，这个时期的价值体现是思维、平台、工具。

自从我们接触到互联网，最常听到的就是"颠覆"这个词语。由于职业的关系，我们也被传统企业的决策者反复问及互联网的情况，这些企业家都心怀恐惧，觉得自己所在行业的竞争格局会被互联网彻底颠覆。我们可以理解他们的感受，因为"互联网可以改变世界”。随着互联网时代的到来，我们的生活充满了未知性。一位哲人说：“人生最大的痛苦不是得到，也不是失去，而是在未知中的一种选择。”

互联网如何改变世界？换句话说，互联网能够改变什么？

我们说互联网改变世界，实际上是互联网改变组织方式，改变人们之间的合作关系。互联网可以把每个个体直接连接起来，形成人与人之间的网络化的关系体系。对产业社会来讲，就是形成供求一体化的关系体系。供应方和需求方可以直接联系起来。移动互联网可以跨越时间和空间随时随地把人与人之间的关系连接起来。智能手机就是一个活生生的例子，每个人都使用智能手机，就可以与其他人结成相互依存和相互作用的关系。

现在，人们完全可以依靠这种一体化的关系体系来完成供应方与需求方之间的劳动互换和利益互换。过去则必须通过产品或借助商品来完成供应方与需求方之间的劳动互换和利益互换。过去是从分工入手，经过严密的组织，生产产品，产生物质财富，现在把顺序颠倒过来，是从组织开始，从构建一体化关系体系入手，反向组织供应链提供产品。

我们对包括小米、三只松鼠、沃尔玛、京东在内的企业进行专项研究，加上对自己提供服务的 30 多家传统制造企业的实践案例进行分析，由此将互联网定义为 6 个字，即思维、平台、工具。

互联网首先是一种思维模式。与过去的思维模式相比，互联网思维就是无边界思维。因为互联网的互通、互联，所以时间、空间、事物结构及这些元素的组合更加自由，组合的结果是效率和价值发生本质性变化。

互联网是一种平台。与过去相比，企业经营与交易是一种空间概念。比如市场，传统的市场就是一种空间概念，是交易的场所。而有了互联网这个平台之后，市场就不再是单纯的空间地域概念，而是一种无形的时空概念。互联网作为一个提供服务的平台，其整合、容纳及价值转换的能力是我们无法想象的。

互联网是一种工具。过去没有 GPRS 卫星定位导航系统，我们去一个陌生的地方需要不停地问路，甚至要走很多冤枉路。如今有了卫星导航这个工具，我们可以毫不费劲地到达目的地。

从企业的角度看，互联网作为一种工具，为供应方与需求方搭建起一个平台，供应方可以直接面对需求、面对顾客。从本质意义上讲，随着互联网的出现，企业可以借助互联网这个工具实现与顾客之间的无缝对接，这才是真正意义上的企业互联网思维。

以我们提供咨询服务的项目为例，过去，我们为企业服务，需要做市场研究，就只能采用实地走访的方式进行调研，这种传统的方式不但费时、费力，而且主观性很强。现在，我们针对自己所服务的企业进行市场研究和新品测试，完全可以借助微信订阅号、微信朋友圈完成，不但简便快捷，而且客观真实。

2. 从流量到存量

互联网发展的中期是从流量到存量，再到客单量，价值体现为精准顾客时代。我们的观点是：颠覆企业的不是技术，而是顾客。

无论是互联网技术，还是智能化技术，都是大众应用的技术。任何一项技术的应用者都必须以服务民生、服务顾客为导向，即便企业是以盈利为目的，但这种盈利的本质也是更好地服务顾客，因为企业盈利能力的根基是服务顾客的能力。

尽管流量为王是消费互联网时代的初级阶段，很多人还是被这个阶段的现象迷惑，不知道互联网真正的价值是什么，所以在流量为王的阶段，互联网创业企业的消亡率很高。

一些企业家认为连接就是一切，殊不知只有技术/经济层面上的连接是不够的，还需要有人心的连接，社会关系的连接，需要有社会/心理层面上的连接。

我们受传统思维的影响太深，即便是互联网公司，也有传统思维。强调规模经济，强调做大，强调外延扩张，不注重社会/心理层面上的连接。到了互联网时代，我们仍然可以看到这样的现象：市场上充斥着假冒伪劣产品，劣品驱逐良品。

我们必须明白一点，互联网首先是顾客的互联网。互联网的到来结束了交易双方信息不对称的局面。“南京到北京，买方没有卖方精”的基本商业规则消失，交易双方信息对称以后，催生出真正意义上的买方市场。

我们说互联网颠覆企业，不是指互联网技术颠覆企业，而是以顾客为导向，利用互联网这种工具更好地满足顾客的需求，实现顾客价值最大化。

我们专项研究包括美国在内的一些国家近 100 年的工业与社会发展进程，结果表明随着每一次技术革命、每一个技术性工具的出现，被颠覆的企业都是不能顺应市场和社会变化进行变革，无法更好地服务顾客的企业，或者说是无法为顾客持续提供性价比高的产品的企业。

对互联网技术感到恐慌的企业家大多数没有从本质意义上理解互联网。这些企业家大多被海量的信息迷惑，没有发现互联网真正改变的是顾客，这种改变不仅让顾客变得更聪明，还让顾客的权利最大化。

互联网是公平、客观的，不会偏向任何一家企业，只会让更愿意服务顾客的企业做大做强。担心被互联网颠覆的企业本质上是无视顾客的需求。

万变不离其宗。万变指的是顾客需求不断发生变化，不变的是我们服务顾客、为顾客创造更高价值的宗旨。

当前，企业面临的问题是如何做才能打动顾客，而令企业决策者感到迷茫的是产品性能比以前好，性价比高，为什么顾客还是不买账？原因很简单，就是企业仍然没有深刻理解现实的需求，没有了解清楚顾客的生活方式。

我们接触到一些对互联网的发展感到焦虑的传统企业决策者，这些企业决策者对市场发生的变化极其敏感，感受到互联网发展对自身企业造成的冲击，但是他们不知道应该从何处下手，改变这种情况。

我们在为企业提供服务的过程中还接触过一家有着近 20 年发展历程的传统制造型企业，这家企业的老板爱学习，这两年报名参加各种学习班的培训，学习成功企业的管理经验。

他试图将自己的企业“互联网化”，不惜血本筹建电商部，建立企业订阅号，高薪聘请具有互联网从业背景的专职人员。经过“高人”指点之后，又开始按照电商的市场要求，投入巨资研发新品，历经两年，他发现没有达到预期效果，企业原有的市场份额反而下滑严重，企业陷入经营困境。

与我们深入沟通后，他终于明白自己陷入这种怪圈的原因。他说：“我们的企业就是过于迷恋所谓的技术颠覆能力，为企业的发展寻找所谓的‘风口’。其实，真正意义上的‘风口’就是顾客的‘胃口’。”

3. 互联网重构，线上与线下融合

互联网线上与线下从博弈到融合的重构阶段，新零售诞生，即线上与线下一体化，商业生态从线上和线下的博弈发展成为融合，我们把这一时期称为线上和线下共生价值时代。

2018 年，移动互联网进入“下半场”阶段，垂直电商平台崛起，尤其是以拼多多为代表，平台电商进入瓶颈期。流量时代结束，存量和客单量成为企业角逐的焦点。

接下来就是用户资源拼抢的“私域流量”时代，以增值服务为核心的“跨界打劫”让传统平台电商的零和游戏规则被识别，平台电商“打劫”式地收取平台服务费用让很多企业苦不堪言，每年的“双十一”更是让参与活动的企业忧心忡忡。

2020 年春节“新冠”疫情爆发，席卷全球，以社区团购为代表的“赔钱赚流量”的金融零和游戏愈演愈烈，更是让电商零和游戏的规则暴露无遗。同时，网络商家利用人性弱点，数据采集没有底线，互联网平台杀熟行为被社会大众所诟病。

电商利用网络资源破坏商业生态系统，利用金融思维“投机”形成社会问题。2021 年，国家政府部门重拳出击，大力整顿网络金融服务平台，此举意味着互联网开始进入价值回归的阶段。

互联网消费模式下，一些违背商业本质，破坏商业生态系统，不讲规则的盈利模式，尤其是通过“烧钱”取得规模优势、利用人性的弱点设计产品、数据采集没有底线、互联网杀熟等行为，必将被时代抛弃。

4. 5G 时代是数字化重构商业生态的新时代

5G 时代的特点是数字经济产业化，数字化平台各个环节自

身的效益在整个国民经济中的比重从之前的 5% ~10% 提高到 30% ~35%。

数字化平台对传统行业或者是经济形态进行重构性改造，赋能传统产业数字化。研究人员预测数字化平台与传统产业相结合，能够提升 1% ~10% 的效益，这还是在不增加投入的前提下，通过数字化赋能、提高效率产生的。如果每个行业进行数字化重构能提升 5% 的效益，中国大约 100 万亿元的工业产值就将增加 5 万亿元，约 150 万亿元的服务业产值就将增加 7.5 万亿元。

可以肯定地说，不要说 5G 时代，即便是“万 G”时代，互联网经济本质上也是熟人之间的供求关系，而不是陌生人之间的交易，更不是靠广告、宣传、促销和炒作完成的交易。

市场交易的本质是信用，通过熟人之间的往来，借助互联网手段进行沟通交流，供应方与需求方之间相互尊重，依靠诚信，逐步建立相互依存的关系，实现共赢。

包政老师在《互联网为何而来》一文中指出：“它绝不是为了某些人或某个利益集团的一己私利，而是为了解决以往产业社会造成的一种恶果，为了从根本上解决供求背离的问题。供求背离已经威胁到人类的生存，威胁到一个社会的正常运行，这是大事，这是互联网创新真正的方向。”

三、把握变与不变的哲学

变与不变，根本规律是什么？

变是永恒的，因为“世界上唯一不变的就是变”。变是一种进化，也是生命体不断强大的过程。不变并不意味着守旧，而是规律不变，即底层逻辑不变。概括来说，就是底层逻辑（规律）不变，而顶层设计要与时俱进。这就印证了那句话：没有永恒不变的企业，只有顺应时代发展的企业。

1. 把握变的哲学

武学秘籍里经典的一句话是：“天下功夫唯快不破。”

传统企业要顺应时代的发展，就需要转变思维模式，要深刻领会“快时代”的迭代。未来就是迭代为王的时代。产业集中度进入寡头时代，就意味着企业竞争进入“大鱼”时代，“大鱼”时代就是“快鱼吃慢鱼”的时代。在“快时代”，百年老店是“变”出来的，只有与时俱进才能成就百年经典。

传统企业要学习小米的成功经验，因为小米的底层逻辑不变，坚持“以顾客需求为中心”的宗旨，取得了成功。

手机行业是一个技术、资本密集型行业，小米起步晚，一没有技术，二没有资金，它是如何成功的？按照一般传统企业的思维模式，即使做手机，也要从产品研发、生产投入、渠道建设着手。小米并没有这么做，只是整合资源为己所用。小米的成功案例就是典型的互联网思维模式的实践过程，小米不按常理操作，与时俱进，运用互联网思维，才取得今天的成就。

2. 把握不变的规律：准确把握规模成长和价值成长的平衡点

我从业以来为数百家企业提供了咨询服务，由于职业的关系，我研究了国内外2000多家企业的成长历程，总结企业的成长经验，建立企业从成长到成功的成长路径模式，提出了“一三五企业从成长到成功的路径模型”，揭示了企业做正确的事的原理，受到相关从业人员的普遍好评。

这个模型从以下三个方面展示了企业的成长路径：

①从规模的角度展示企业的成长路径。假设 1 亿元是企业的生存边界。这个阶段企业依靠产品力生存，营销力逐步显现。没有 1 亿元的基本规模，即便企业具备盈利能力，规模的限制也会让企业逐步陷入经营困境。3 亿元是企业发展的起点，这时候，企业的成长方式由营销力转变为品牌力。转变成长方式会迅速成为企业发展的内在驱动力。5 亿元是企业高速成长的起点，这时候，企业的成长方式由品牌力转向资本力。5 亿元的企业，其品牌力强大，在一定区域内形成品牌力后，如果企业想更好地发展，就必须借助资本的力量，扩大生产基地规模，实现企业资源的再次整合。当企业具备品牌和资本双核驱动增长的力量之后，高速成长的引擎就会开启。

②从市场份额的角度展示企业的成长路径。处于起步期的企业，无论是运作一个县级市场，还是一个地市级市场，或者是一个省级市场，都必须以市场份额为参照系，确立自己的市场地位。10% 的市场份额是一家企业在市场中生存的基本标志，30% 的市场份额体现出一家企业在自己所在的市场中处于领导地位，50% 的市场份额意味着这家企业在市场中处于垄断地位，企业的市场竞争力强大，竞争对手无法与之抗衡。

一家企业想要获得成功，就不能盲目扩张，而是要聚焦提高市场份额。哪怕是从一个县起步，也要持续培育市场份额，提高市场占有率。同时，企业也必须明白，“根据地”市场是企业的生命线，如果没有“根据地”市场，企业将无立足之地。

当然，这只是一家企业从创业到成长所走的第一步。在第二个成长阶段，企业需要跨越10亿元、30亿元、50亿元这几个阶段性目标，这个发展时期也有相应的成长机制。而第三个成长阶段的目标分别为100亿元、300亿元、500亿元，终极成长阶段的目标分别为1000亿元、3000亿元、5000亿元。

③**从价值（效益）的角度展示企业的成长路径**。一些企业倒闭的原因是企业大而不强，企业规模大，但是盈利能力很低，导致规模成长与价值成长失衡，难以为继。因此，企业要准确把握规模成长和价值成长的平衡点。

企业只有制定正确的发展和经营战略，才能准确把握规模成长和价值成长的平衡点。要做到这一点，不仅考验着决策团队的战略预见力，还考验着决策团队的产业远见。

四、有一种失败叫逻辑成功

我们针对基于互联网思维创业的“批量性”失败做了专项研究，得出的结论是“有一种失败叫逻辑成功”。

因为快消品B2B行业的很多创业型企业倒闭，所以我们选取这个行业中几个具有代表性的案例进行分析。

1. 典型案例

案例一：

店商互联

店商互联成立于2014年，历经五轮融资，资产接近13亿元，业务曾经覆盖全国40个城市，超过42万家终端店铺，旗下无忧蚂蚁在全国加盟的配送站有2000多家。然而，店商互联没有找到新的利润增长点，不具备持续性的盈利能力。2018年，店商互联资金链断裂，高管失联，办公场所人去楼空。

案例二：

雅堂小超

在四川白手起家的雅堂小超一年之内在全国25个省市的加盟店发展到50000家，在14个省市拥有15个仓库，截至2017年12月29日，累计交易额突破160亿元，并计划在2018年开设5000家直营便利店。

为了抢占终端市场，雅堂小超提供的商品价格比市场价低5%～10%，给每家加盟店补贴2万～12万元，累计补贴超过5亿元，吸引了很多商家加盟。雅堂小超这种“烧钱”的行为直接导致资金链断裂，投资人和供应商堵门索要费用。

案例三：

星利源（快消王）

星利源是一家B2B电商，企业辉煌时期，在这一行业内排名全国第八，在深圳名列第二。星利源2016年单月交易额突破8000万元，2018年4月星利源突然停止运营，其客服人员甚至建议经销商去别的平台进货。用户数量达到40000家的进货宝，其App上已经下架所有商品。

观峰咨询公司和凯度咨询公司的研究数据均显示中国大约有700万家小卖部，每年营业额大约10万亿元，占中国快消品零售额的40%，这是快消品B2B平台商家青睐这一市场的根本原因。

尽管快消品 B2B 平台商家找到了“成功逻辑”，最后还是以失败告终。

原因何在?

毋庸置疑，商业的本质是效率。过去，传统企业采用粗放式经营的管理方式，导致效率低下，随着移动互联网时代的到来，旧的经营模式到了必须改良的地步。于是，基于提高效率和精细化运营的新商业逻辑出现。

快消品行业的商业市场，尤其是食品、酒水等快消品的商业市场仍然处在传统的“大批发”和“大流通”的“个体经营”阶段。这种“个体经营”受到规模、运营体系的影响，其仓储、物流体系处于散乱的状态，这种状态必然存在效率低、运营粗放的弊病。

伴随着移动互联网的到来，基于“平台+共享”的商业逻辑出现，仅食品、酒水等快消品就有 10 万亿元的市场规模，如果能够通过“平台+共享”的商业逻辑实施“统仓统配”的集成化模式，把快消品“个体经营”的散乱状态加以整合，从理论上讲，仅仓储和物流费用就可以节约 4%~6%。

10 万亿元的商业市场，通过建立“统仓统配”的商业模式就可以节省 4%~6%，这就是 4000 亿~6000 亿元的商业机会。

于是，一大批以此为商业逻辑的创业公司开始幻想自己能够创造一个集约化经营的商业模式，仅仅是食品、酒水的快消品就有 4000 亿~6000 亿元的市场，如果拓展到整个商业市场领域，有多大的市场发展空间?只要做成功就是千亿商机，万亿流水。

这类创业公司把目光瞄准传统批发商，与传统批发商谈“统仓统配”战略，描述“平台+共享”的商业逻辑，向传统批发商灌输这样一种思想：只有与创业公司合作，传统批发商才不会被互联网颠覆。

一家具有代表性的公司成立于2015年，惨败于2016年。

他们和传统批发商谈“统仓统配”，托管传统批发商的仓储和物流配送职能，承诺给传统批发商在仓储和物流配送方面节省4%~6%的费用，并成立移动端的App，实施线上下单，线下配送，一时间搞得风生水起。

当时，我们就下了结论，传统批发商很难进驻这种平台。归根结底，原因有三点：一是传统批发商把仓储和物流配送交给第三方，会担心自己的生意被第三方抢走。二是传统批发商的物流配送不只是简单的送货，还有一个非常重要的职能，就是维护客情关系，收集市场信息。传统批发商放弃物流配送，相当于和渠道商失去联系，就无法收集市场信息。三是仓储和物流是传统批发商的核心商业机密和经营的“抓手”，他们不可能放弃。

我们当时也给这家公司的负责人讲了这些道理，但是这家公司的负责人坚持己见，他说：“从商业逻辑的角度看，这样做没有任何问题。”他坚信自己一定会成功，只是时间长短的问题。结果，这家公司在2016年遭遇惨败。

2. 为什么逻辑成功，运作失败

我认为主要有以下几个方面的原因：

（1）逻辑成功不代表一定能成功，也许意味着失败

从上述案例看，商业逻辑非常成功，而且符合社会和商业经济发展的大趋势。为什么逻辑成功，运作的时候却失败？

我们给大家讲一个通俗易懂的故事，帮助大家理解企业运作失败的根本原因。

一对年轻人属于异地恋，他们时常给对方写信，以表达思念之情，女方与邮递员接触比较多，最后选择与邮递员结婚。

与此类似，创业公司托管仓储和物流配送职能，进行集成化运营，传统批发商明明知道这样做可以提高效率，自己省钱又省心，但还是不愿意与创业公司合作。在“统仓统配”的“平台+共享”的商业逻辑下，批发商担心渠道商与创业公司合作，自己被架空，这才是运作失败的根本原因。

（2）痛点存在即合理

现在，基于解决痛点的商业逻辑思维是主流思维。很多创新型企业认为发现消费者的痛点就能够成功创业，其实，消费者能够接受一些痛点。有些痛点是消费者的生活习惯或社会生活的行为方式，从商业逻辑的层面来看蕴含着巨大商机，但是实际操作时无法落地，这种痛点存在即合理。

在商业市场，曾经有一家企业提出“9分钟送到”的服务标准，最终运作失败。我们站在顾客的角度想一下，顾客真的需要“9分钟送到”这项服务内容吗？从点菜到上菜，9分钟能送到吗？企业提供过度的服务除了会增加自身的经营成本外，还会让顾客感觉不舒服，不再选择这家企业为自己提供服务。高铁的“你无需求，我无打扰”的服务理念让乘客交口称赞。麦当劳“不点餐可以坐半天”的无打扰服务及自取餐食不提供服务也被广大消费者逐渐接受。

由此可见，基于解决痛点的思维也有可能把创新型企业带上绝路，是否能够识别用户亟须解决的痛点才是创新成功的核心要素。创新型企业需要理性对待痛点，从诸多痛点中识别具有商机的痛点。

（3）将痛点转化成商业价值，需要商业要素和社会要素的整体进化

为了便于大家理解这种观点，我们仍以“平台 + 共享”的“统仓统配”为例进行说明。

从效率的角度解决传统批发商的痛点，需要商业市场整体进化，而且竞争是商业市场进化的内生动力。目前，整个商业市场还没有达到竞争白热化的程度，传统批发商还没有被逼到必须依靠4% ~6%的利润生存的地步。尽管创业公司托管仓储和物流配送职能进行集成化运营，可以节省4% ~6%的费用，传统批发商却担心渠道商选择与创业公司合作，自己被架空，因此他们宁愿少赚4% ~6%的利润。

中国各地的商业市场运营方式差别比较大，商业市场发展和进化的层次比较多，而且复杂。对于发达城市来说，“统仓统配”的集成化运营时机基本成熟，而对于内地的县级城市来说，仓储和物流成本虽然比较高，但是没有对传统批发商造成很大的影响。很多批发商购置仓库，用于储存货物，而资产的增值又让批发商认为仓储成本可以忽略不计。

我们认为经销商的核心能力是产品的推广能力和渠道维护能力。仓储和物流只是这两种能力的载体，创新型企业只关注控制仓储和物流成本，无法让传统批发商与其合作，这是由于创新型企业没有找到批发商亟须解决的痛点，所以导致逻辑成功，运作失败。

当然，并不是说“平台 + 共享”的“统仓统配”集成化商业

模式未来没有发展空间，我们认为还需要一些时间来推动商业市场进化，以市场的整体进化推动行业发展。

那些对痛点不加辨识，简单地认为逻辑成功就一定能够成功的创新型企业注定会失败。

3. 学习成功企业需“慧眼识真”

企业家受人尊敬，这是因为企业家历尽艰辛，才获得成功。企业获得成功后，媒体竞相报道企业的成功历程，业界人士则争相解读企业的成功经验。

海尔应该是中国成功企业的典型代表。海尔创业成功后被媒体争相报道，尽管那个年代互联网并没有现在这样发达，海尔成功的事迹仍然在业界广为流传，解读海尔成功经验的著作风行一时。企业界掀起一股学习海尔的热潮，当时，只要企业开会就会提到向海尔学习。

毋庸置疑，现在甚至未来很长一段时间，海尔仍然会是中国企业学习的典范，但当初提出向海尔学习的很多企业最后都没能将事业做大做强，一些企业甚至“东施效颦”，成为笑柄。我们在近期的专项研究中发现目前只有海尔在运用海尔管理法，一些以海尔为榜样的企业连“日事日毕，日清日结”这种简单的台账式管理都做不到。

海尔的管理是什么？是一种精神，一种信念，本质上是培养团队的习惯。当我们学习海尔管理法的时候，忽略海尔管理法本身只是一种手段，其目的是提高质量和效益。海尔起步时期的成功逻辑是质量与服务，而那些学习海尔管理法的企业误把手段当作目的，只是为了管理而管理，收效甚微。

蒙牛集团提出“创内蒙古乳业第二品牌”后，业绩突飞猛进，企业快速发展壮大，进而面向全国拓展业务，一举成为知名品牌。一时间，蒙牛的牛式理论风行，比如蒙牛的速度论、能力论、战略论等。蒙牛创业成功，成为很多企业学习的榜样。

当年，很多企业推崇蒙牛的速度论，把牛式战略当成制胜法宝，忽略了支撑蒙牛发展壮大的核心问题——行业机会。

众所周知，蒙牛起步的时候中国乳制品行业正处于高速成长期，巨大的市场增长空间成就了蒙牛速度和牛式战略，而诸多企业追捧蒙牛速度和牛式战略的时候忽略了蒙牛发现机会的战略眼光。可以说，蒙牛起步时期的成功逻辑就是产业机会，我们常说“站在风口，猪都会飞”，蒙牛正是抓住了千载难逢的机会，将企业做大做强。

无独有偶，洋河是中国白酒业发展黄金十年中的成功典范。洋河成功结束了中国白酒的“茅五剑”时代，成就了中国酒业“茅五洋”时代。洋河成功改写了中国白酒的“红黄时代”，成就了“蓝色经典”时代。白酒界普遍把洋河的成功归结为洋河大胆创新的结果，洋河的成功是主导产品模式的成功，更是中国白酒市场运用“1 + 1”模式的成功。有人甚至把洋河视为革新的榜样，认为洋河的成功是白酒行业内的另类成功。

一些企业在学习洋河的成功经验时忽视了洋河崛起的产业背景。因为洋河 2004 年发力的时候，中国白酒产业正处于高速成长期，而白酒产业的高速成长奠定了洋河成功的基石。洋河和蒙牛的成功有着相似之处，都是基于产业背景的成功。

仰韶彩陶坊2020年营业额突破30亿元，成功逆袭，成为中国白酒业的成功典范。关于仰韶彩陶坊的成功模式众说纷纭，有人说是产品定位准确，也有人说是包装新颖，还有人说是采用了专卖店模式。其实，仰韶彩陶坊是我全程服务的一个咨询项目，经历了仰韶彩陶坊从起步到成功的整个过程。我认为品类成功、包装成功、专卖店模式的成功只是表面现象，仰韶彩陶坊的成功逻辑是领袖消费群的成功。仰韶彩陶坊采用专卖店模式建设领袖消费群体，2008—2009年白酒行业处于领袖消费时代，这是当时的特定市场环境，也是仰韶彩陶坊发展成功的决定性因素。

加多宝也是中国企业成功的典范。加多宝凭借罐装凉茶创造了两百多亿元的价值，此举让很多饮料企业的管理者瞠目结舌。一些人将加多宝的成功冠以品类成功、定位成功等，还有一些人将加多宝和娃哈哈两个品牌放在一起进行比较，他们认为加多宝开创了中国饮品行业“大品牌单品种”的模式，但是他们忽略了加多宝战略发力的动力和一掷千金的魄力。加多宝前期投入巨资进行市场调研，发现这样一种现象：互联网时代，随着生活节奏不断加快，普通民众的压力日益增大，生活作息没有规律，经常熬夜，导致很多人容易上火。在这一市场机会的支撑下，加多宝战略性地将广州的特产凉茶工业化。

当企业获得成功，就会有一大堆人解读企业成功的秘诀。河北养元集团的“六个核桃”算是近几年业界成功的新秀，有人将企业的成功归结为品类创新成功、品牌定位成功。

2009 年，为养元集团做年度营销团队培训的时候，我了解到这家企业和河北的其他蛋白饮料企业一样，刚开始也是模仿知名品牌的运营模式，偶然间发现了核桃蛋白饮品，“六个核桃”刚起步的时候无人问津，核桃蛋白饮品被业内人士视为杂牌产品，他们认为核桃蛋白饮品不会成为主流产品。面对这种情况，养元集团选择从餐饮渠道切入市场，为核桃蛋白饮品打开销路。因为当时“六个核桃”的营销团队成员大多来自衡水老白干集团，招商工作进展缓慢，无法通过常规流通渠道铺货。于是，他们根据自己过往的经验，像操作白酒一样，实施餐饮渠道的陈列展示，并且进行试饮推广。我支持企业的这种做法，企业就把这种做法标准化，成为“六个核桃”的标准市场推广模式，也成为支撑企业快速成长的核心要素。

成功的企业都喜欢被人追捧，因为成功的企业会把这种行为当作免费宣传的机会。

我可以肯定地说，追捧和学习成功的企业不是坏事，但是一家企业如果在学习其他企业的成功经验时忽视该企业的成功逻辑，一味模仿该企业的做法，结果必定不尽如人意。齐白石大师有一句名言：“学我者生，像我者死。”我们渴望成功，但是必须明白一点：任何企业的成功都离不开特定的环境和条件。忽略特定的环境和条件，生搬硬套，就会导致失败。

学习成功企业的经验，就是研究和学习成功企业在特定环境和条件下成功的决策思维，而不是注重决策本身。我们学习成功企业的经验就是研究和学习成功企业的成长路径和发展历程，不能只盯着企业成功这个结果，否则就会事与愿违。

五、并购与被并购都是一种经营模式

在经济社会发展过程中，很多知名企业都有过并购的经历。

2020年，华为出售荣耀，百度以36亿美元收购YY直播，虎牙、斗鱼合并，自如并购贝壳公寓，不仅国内市场掀起并购潮，放眼全球，ADM宣布以350亿美元全股票形式收购赛灵（Xilinx），Salesforce以277亿美元收购Slack，SK海力士以90亿美元收购英特尔业务，法国交通巨头以70亿美元收购加拿大飞机和火车制造商庞巴迪的火车业务……

2021年上半年，美国电塔公司（American Towers）以94.1亿美元收购西班牙电信公司（Telefonica），日本瑞萨电子以49亿欧元收购苹果公司芯片供应商、英国戴乐格半导体公司（Dialog Semiconductor），高瓴资本以37亿欧元收购飞利浦（Philips）家电业务，日立制作所（Hitachi）以96亿美元收购美国信息技术企业Global Logic，微软以197亿美元收购Nuance，亚马逊以84.5亿美元收购米高营业（MGM）……

随着互联网时代到来，企业的经营要素发生了巨大变化，借助互联网的强大力量，很多“轻资产”企业迅速崛起，“轻资产”企业大多是互联网创业型企业，他们依托互联网整合企业的经营要素，尤其是整合传统的生产要素，以顾客为中心，实施品牌战略，拓展市场，实现快速崛起。

在传统的多媒体手机领域，三星、苹果等科技巨头占据了绝大部分市场份额，小米作为创新型企业，选择利用互联网时代的红利——微信准确定位目标人群，以“顾客尖叫”为产品突破口，快速崛起。小米起步阶段既没有生产基地，也没有专卖店，凭借技术和品牌两个核心要素在5年内飞速发展，市值突破千亿元。

自2013年以来，有一些基于互联网创业的企业将“被并购”作为企业的经营目标，实施“养猪”和“卖猪”的经营策略。

在互联网领域，并购成为常态，这完全颠覆了之前绝大多数企业打造“百年老店”的经营思维。我们在实践中也遇到很多60后企业家，他们对这种现象感到困惑。我们给出的结论是基于商业生态和企业竞争力，并购只是一种经营模式。在互联网时代，相比中小企业，大型企业不只是创业者自身的企业，还是整个社会的企业。企业家只有深刻理解并购这种经营模式，才能推动企业持续发展。

1. 企业只有两种归宿

在优胜劣汰的市场法则面前，如果企业处于竞争劣势，就只有两种归宿：一种归宿是被竞争对手“围剿”；另一种归宿是被强势企业并购。

在商业领域内存在一条基本的竞争逻辑，就是“市场经济不同情眼泪”，所有企业家都必须清醒地认识到竞争的残酷性。对于整个社会来说，当弱势企业被竞争对手“围剿”，从市场上消失之后，市场上“劣币驱逐良币”的现象不复存在，有利于经济良性发展。当处于竞争劣势的企业退出市场，社会公众往往不会同情这类企业，他们认为弱势企业的产品质量不过关，才会导致失败，彻底从公众视野中消失。

相比被“围剿”的企业，被并购的企业经过顽强拼搏，坚持到最后一刻，带有悲壮的意味。因此，社会公众往往会同情被并购企业的遭遇，这种同情往往具有商业的“非理性情感倾向”，而被并购企业的管理者极容易在这种非理性的情感中忘记被并购只是换一种“活法”，陷入非商业理性的情感漩涡。

2. 被并购被误读多年

毋庸置疑，被并购在中国已经被误读了很多年，我认为主要有以下两种说法：

（1）被并购实属无奈之举，是不得已而为之

被并购的企业大多不是出于自愿，一般是在企业难以为继的情况下才会让其他企业并购。

现实情况中，绝大多数经营不善的企业在即将“停摆”或已经“停摆”的情形下才会采取让其他企业并购的方式。为什么这类企业非得等到最后一刻才采取行动，为何不提前行动，争取早日被其他企业并购？

我认为主要有以下两点原因：

①企业缺少对危机的预见能力，总是处在“自我感觉良好”的状态。很多企业在危机到来之际，会出现“报喜不报忧”的团队作风，导致企业管理者错误估计形势。

由于长期从事企业战略管理咨询服务，所以我能够站在客观的角度预见到企业即将面临的危机。我总是直接告诉企业掌舵人未来会发生什么，企业应该做什么，而我得到的答复常常是企业没有出现问题。

②企业掌舵人的心态问题。企业掌舵人在创业的过程中历尽艰辛，觉得企业比自己的命更重要，不到最后一步，他们不会让其他企业并购自己的企业。

企业掌舵人抱着“小车不倒只管推”的心态，撑一天算一天，这是自我封闭的心态，不是开放的心态。在自我封闭的心态下，“企业只要不倒，就是我的”。企业掌舵人将自己的利益置于企业利益之上，置企业的生死于不顾。

优秀的企业家有着博大的情怀，他们的宗旨是为用户服务，回馈社会。被并购企业的掌舵人往往思想过于狭隘，很容易让企业陷入绝境。

我们不反对企业家谈情怀，但是我们更愿意和企业家谈胸怀，这就要求企业家在企业生死存亡之际果断抉择，少一些感性的情怀，多一些理性的胸怀。

在提供咨询服务的过程中，我们曾经亲眼见到很多企业家在情怀与胸怀之间进行抉择。

一家有着近30年发展历程的方便面企业，其创业团队不了解自己所在行业的发展情况，对自己的企业饱含感情，觉得为之奋斗几十年的企业不会倒闭，这种封闭的思维让企业的掌舵人看不见消费升级的大趋势，看不见餐饮外卖对于自己所在行业的冲击，看不见企业面临的危机。

另外一家有着35年历史的老牌啤酒企业一度在全国同行业中位居第四，辉煌一时。面对啤酒行业的品牌、资本之争，这家老牌啤酒企业掌舵人总是留恋过去的辉煌，不愿意放弃规模经营战略，重构价值型企业。这种“情怀”不仅让企业的掌舵人看不见行业发展趋势，也看不见自身的劣势，陷入“抱残守缺”的经营思维，最后只能祭出和企业共存亡的大旗。

（2）被并购是因为经营失败

在常规思维中，被并购是因为企业经营失败。这种思维正如中国传统观念中的嫁姑娘和娶媳妇。过去，姑娘出嫁的时候，娘家人总是很伤心，而婆家人则欢天喜地。

与此相似，中国企业的掌舵人对于企业被并购的理解还停留在传统的嫁姑娘的层面。事实上，这种思维导致很多企业的经营以失败告终。

其实，企业被并购只是一种正常的经营行为，而且是一种高级别的战略经营行为。

面对未来，企业掌舵人应该谨记一点：被并购是一出“喜剧”，而不是“悲剧”。

与并购一样，被并购也是企业战略扩张的表现，是企业综合能力的体现。

在人们的意识中存在这样的误区：被并购是企业经营失败的表现。之所以出现这种情况，是因为过去很多企业的经营到了举步维艰的地步，或者是企业被迫“停摆”之后才被其他企业并购。为此，我们进行专项研究，发现美国和欧洲一些国家二十世纪六七十年代出现的企业被并购案例是企业主动进行的战略选择，甚至是企业发展战略目标的必然选择。

近几年，随着国家宏观政策调控力度加大，金融、资本政策不断调整，很多企业在规模化发展的道路上遭遇“急刹车”，跟不上形势的变化而面临“停摆”。

我们认为企业主动让其他企业并购，这是企业借助外力实现转型重构的战略行为，借助外力实现系统重构，让企业重生，这是企业经营者的使命。相比那些遭遇困境、难以自拔的企业，这些企业主动选择被其他企业并购是一种积极的经营战略，也是一种正确的经营战略。

3. 被并购是优胜劣汰的必然表现

优胜劣汰是自然界的生存法则，也是社会得以进步和发展的必由之路，企业通过优胜劣汰的方式不断进化，这是必然，不是偶然。

“市场经济不同情眼泪”是不争的事实，在市场经济大潮的冲击下，被并购企业的掌舵人大多是因为对企业的情怀而流下泪水。但是，情怀不能当饭吃，如果企业掌舵人拥有博大的胸怀，就可以为企业创造更多的财富。

近几年产能过剩导致供给市场总量过剩，再加上消费升级转型，企业面临挤压式竞争，在这种状况下，很多企业举步维艰，而“修补式”的“点状创新”对于绝大多数企业而言不仅于事无补，还会让企业更加被动。

2012 年以来，我们提出“企业重构与重生”理论和实践体系，以“换一种思维，所有企业都可以重做一遍”的基本思维逻辑协助数百家企业实施“颠覆性的系统创新”。时至今日，我们成功地让绝大多数企业走出“泥潭”，在新的“赛道”上获得重生。

我们在为企业提供咨询服务的过程中发现很多企业过于关注品牌、产品和市场层面的经营，忽视了资产重构。事实上，这一轮竞争是资产经营的竞争，涉及的范围早已超越了过去的品牌、产品和市场之争。

各家企业在参与竞争的时候比拼的是综合实力，优胜劣汰是必然趋势。面对这种情况，我们给企业提出的建议是“开放、联合”。

所谓“开放”，是要求企业的决策者放弃“企业是我的”这种思维方式，转变为“企业是大家的”，将企业做成一个平台，让它既是员工的企业，也是生意上的合作伙伴的企业，企业决策者完全以“合伙人”的心态面对企业员工和生意上的合作伙伴。

所谓“联合”，是要求企业决策者不再以竞争的视角看待自己所处的行业和市场，而是以“竞合”的心态看待行业和市场，而“竞合”的思维需要企业决策者忘掉情怀，牢记胸怀。

如果企业决策者能够预判企业的未来，他就会明白这样一个道理：企业被并购不是迫不得已，而是“上策”。

4. 并购和被并购是必然选择

随着高质量发展国家战略的实施，以技术为核心的新动能成为企业的核心竞争力，以资源、资本为核心的旧动能逐步消失。企业必须以新动能为抓手，重构企业自身的内在驱动力。

事实上，新旧动能转换的过程就是企业优胜劣汰的过程。企业在这个过程中的主要经营动作是并购与被并购。

很多企业的掌舵人在新旧动能转换的过程中因为缺少“重构才能重生”的勇气和智慧，导致企业的比较竞争优势逐渐消失，接踵而来的是“比较竞争劣势”，这样的企业必然被淘汰。

在进入“淘汰赛”的时候，处于“比较竞争劣势”的企业如何抉择？

我们给出的答案是主动选择被并购。

主动选择被并购会让企业呈现出另一种状态，要做到这一点，企业决策者必须放弃“企业是我的”这种思维方式，转变观念，认识到“企业是大家的”。事实上，对于绝大多数企业而言，企业被并购要比从市场上彻底消失好得多。

主动选择企业被并购是企业决策者对社会和员工负责的一种表现。很多企业看上去风光无限，其掌舵人实际上已经身心俱疲。企业负债运营，其财务成本会远超企业的实际利润，如果资金运作采用“拆东墙，补西墙”的方式，企业的资金链很容易断裂，随时可能“停摆”，假如企业苦苦支撑，就会陷入困境。

我们给出的建议是与其煎熬，不如早日解脱。

主动选择被并购不仅可以让企业掌舵人想明白企业的底层经营逻辑和顶层设计，更重要的是可以让企业决策者明白人生的意义。

被并购只是企业决策者对于企业出路的一种选择方式。对于企业家而言，最大的痛苦不是得到，也不是失去，而是做出正确的选择。

六、中国企业从重构到重生的六大挑战

改革开放后，经过多年的发展，中国终于实现成为“全球工厂”的梦想，未来中国又会成为“世界市场”，迎来需求极其旺盛的时代。对企业来说，过去修补式的创新和系统再造可以让企业在竞争中得以幸存，未来，中国企业从重构到重生必须面对以下六大挑战：

1. 品牌的挑战

互联网时代的特点是“去中心化”。“去中心化”意味着品牌影响力衰退，品牌不再是企业的核心竞争力。未来顾客不会再接

受“王婆卖瓜”这种形式的品牌理念推销，只会接受体验式的品牌营销。

如何重构品牌战略是企业面临的第一个挑战。可喜的是劲酒、劲霸服装、伊利等企业的决策者已经懂得品牌重构的道理，他们放弃打“假大空”的广告，开始领着顾客一起玩，因为他们明白只有以顾客为中心，满足顾客的需求，企业才能生存下去，品牌必须为顾客而重生。

2. 经营战略的挑战

从经营战略的角度看，中国企业曾经经历过多次挑战，具体来说，企业面临的挑战主要有以下两个：

一是做大做强的挑战。企业经营战略从做大到做强，后来又转变为从做强到做大。

中国企业曾经热衷做大，因为做大就意味着提升竞争力，但企业大而不强的残酷现实教育了中国企业，在明白了大而不强的企业难以为继的道理之后，中国企业改变策略，先做强，再做大。

二是专一化与多元化。

2000 年前后，中国企业开始思考专一化和多元化的企业发展命题。很多企业认为多元化是误区，主业做不大，就不要盲目多元化，中国企业要专注发展主业。

中国企业专注发展主业，当主业遭遇瓶颈无法突破的时候，中国企业突然发现外国企业，包括在中国投资发展的外资企业在没有主业的情况下，通过多元化发展实现了经营战略。

我们认为中国企业专注做主业是采用“大树战略”，寻求在某一个行业内成为龙头企业。外国企业，包括在中国投资发展的外资企业通过多元化的“大森林战略”谋求发展。中国快速增长的消费市场为这些企业提供了机会，这些企业在很多行业内取得不俗的成绩，一些行业还可以形成交叉互补。中国企业发现“大森林战略”就是产业链战略，即布局产业链，形成产业价值链。

当中国企业决策者将波特的竞争理论牢记于心之后，开始关注另一本书——《小的是美好的》，学习英国经济学家舒马赫的经济思想和政策主张。

3. 产品开发的挑战

中国企业惯用的“价格战”屡遭诟病。过去，因为普通消费者没有购买力，只能选择低廉的产品，所以低价成为中国企业很长一段时间的核心竞争力，直到现在，“低价为王”仍然是一部分企业的经营理念。

现在，当媒体报道中国消费者在日本抢购马桶盖，中国企业决策者开始思考为什么中国消费者会疯抢价格昂贵的智能马桶盖；当进口食品在中国市场畅销，每年销量呈现 40% 以上的增长率，中国的食品企业掌舵人开始思考为什么中国消费者喜欢购买价格高昂的进口食品；面对每年 1 亿多人出国旅游购物，中国的企业家开始思考为什么中国的消费者愿意花费巨资出国旅行消费。

其实，出现这种现象很正常。过去，人们生活水平低，只能购买一些价格低廉的商品。中国实行改革开放以后，随着中国经济的高速发展，普通民众的收入增加，生活水平不断提高，人们可以购买自己心仪的产品，向往着高品质的生活，消费日趋多样化，而中国一些企业没有及时关注消费者购买力的变化，不能满足消费者的需求，消费者转而购买外国企业的商品，这个问题的确值得中国企业反思。

另外，任何国家都有消费水平低的人，也有消费水平高的人。企业需要重新定位自己的目标客户，确定自己服务于哪一类顾客，只有这样，企业才能做到精准营销，获取客户。

4. 组织与团队的挑战

我曾经在一个企业家年会上说："中国很多企业不是在创业者手下倒闭，就是在创业团队手下倒闭。"其实，很多人并不理解这句话的真正含义。这句话说的是组织创新的问题。很多企业创业成功后，创始人还保持着工作激情，他们并不满足现状，希望实现个人价值，但是创业团队的成员开始松懈，安于现状。无论企业创始人采用何种激励手段，都无法调动创业团队成员的积极性，一些创业团队成员开始展现出"不患寡，而患不均"的惰性思维，严重影响企业发展。

通过研究我们发现发展 30 年以上的中国企业都是组织重构的结果。以娃哈哈为例，其集团创始人宗庆后在最近 5 年里只管团队建设和企业投资，具体事务由年轻人主导。柳传志是中国杰出的企业家，联想集团的快速发展得益于柳传志完成了四次组织和团队重构。

当然，组织职能缺失、组织僵化也会阻碍企业重生，企业决策者需要关注这些情况，及时修正。

5. 营销的挑战

美国的营销发展时间长，号称"百年营销"，中国的营销起步晚，发展不足 30 年。尽管中国的营销大多数停留在卖价格的初级阶段，企业营销人员还是必须明白真正的营销是"卖理念"，也就是给消费者灌输消费理念。正因为企业营销人员不明白营销就是“卖理念”，所以企业在营销时会遭遇困境。

我曾经说：“认为产品价格高，卖不动产品的营销人员都过时了，企业需要把这些人辞退。”营销人员经常说：“因为品牌知名度不高，所以卖不动产品。”早在2000年我们就提出一个理念：不做品牌做销量，不是品牌也畅销。优秀的营销人员明白其中蕴含的道理，他们知道品牌是销量的自然累积，提高产品销量，有助于品牌扩大影响力。

中国人民大学博士生导师包政是深度分销理论的创始人。深度分销在中国快消品领域主导了20年，深度分销的实践应用就是“渠道为王，终端制胜”。2012年我和包老师交流的时候，说过一句话：“深度分销已经过时。”包老师笑着对我说：“我也知道深度分销已经过时，我正在研究社区商务。”2015年，包政老师将小米、阿里巴巴、京东、国美等众多互联网初期阶段创业成功的企业写进社区商务系列丛书，助推更多的企业走向辉煌。如果读者在读完本书之后，再去翻阅包政老师及其团队的社区商务系列著作，就会对本书有更深的领悟。

传统营销的使命就是“方便买”和“乐得买”，把营销的基本动作分解就是铺货率和终端生动化。其实，这都是基于渠道和市场占有的认知。在“顾客为王”的认知下，企业占有渠道和市场已经无法制胜。我问过很多企业的销售人员：“市场铺货率高，终端生动化投入大，做得那么好，为什么市场还是做不起来？”企业销售人员直接回答：“因为企业不动销。”我再次问：“为什么企业不动销？”企业销售人员答不上来。我说：“很简单，就是有人卖，没人买。”

未来的营销注重顾客体验，所以，深度分销之后，推广时代到来。

营销不是研究“怎么卖”的学问，而是回答“为什么买”的艺术。

6. 市场选择的挑战

企业还面临市场再选择的体系重构的挑战。企业决策者总是认为一线市场投入太大，不敢冒险。实际上，这是企业在市场战略方面所犯的一个致命错误。

一线市场投入大意味着一线市场购买力强，需求量大。由于职业的关系，我在为企业提供咨询服务的过程中发现一个规律：产品质量好，市场销量上不去，原因是企业选择在农村市场铺货，以“农村包围城市”的市场战略开展营销工作。这类企业的决策者没有发现一种现象：随着城镇化进程加快，农村人口不断减少，购买力急剧下降。一些农村只剩下老弱病残人员，产品当然卖不动。

我们在为企业提供咨询服务的时候会建议企业销售人员跳出认知误区，从市场选择的角度出发，大胆选择需求量大，具有购买能力的发达市场。

下　篇

从重构到重生的七大方法

企业要在激烈的市场竞争中取胜，就必须改革旧的组织体系，企业可以采用七个方法对组织体系进行全面重构，这七种方法分别是战略重构、品牌重构、市场重构、产品重构、营销重构、系统重构、管理重构。下面我们逐一展开论述。

一、战略重构

正如一万个人眼里有一万个哈姆雷特，各家企业对于“战略”的本质看法不一，可以说“仁者见仁，智者见智”。我们认为战略的本质是“站在未来看现在”，因为战略不是决定未来做什么，而是现在做什么，才能有什么样的未来。

很多企业家能够理解“现在行动，决胜未来”就是战略格局，但是不知道如何形成战略格局。我们认为战略格局来自“孩子狼式”的战略思维，以机会为导向的战略思维是战略格局形成的前提。很多企业之所以不能“站在未来看现在”，根本原因是陷入“兔子鹰式”的战略思维。因为“兔子鹰式”的战略思维是以问题为导向的战略思维，其本质不仅意味着保守，更是行动上的“得过且过”，不敢越雷池一步。

1. 迎接新的消费趋势

大家总是在议论两个话题：一个话题是一家名不见经传的企业突然闯入我们的视野，成为明星企业；另一个话题是一家曾经辉煌的企业突然从我们的视野中消失。乐凯和富士两家企业都是胶卷行业的翘楚，现在，一家企业已经逐步退出市场，另一家企业却通过转型重构获得新生。

总量过剩是当前经济的主要矛盾。造成这种情况的主要原因是重复建设导致产能过剩，而产能过剩的背后是同质化产品过剩。我们经常说问题的背后隐藏着巨大的机会。其实，总量过剩的背后隐藏着差异化、个性化的巨大商机。

我们通过20多年的观察与研究发现普遍性问题的背后一定是局部性机会，这个机会指的是趋势。趋势就是未来的优势，行业内的后起之秀往往善于发现趋势，然后以趋势构建优势。达尔文说："适者生存，不适者被淘汰。"意思是说符合趋势的事物就能够生存，不能适应环境变化的事物会被逐步淘汰。

未来的消费趋势是什么？

从温饱型转变为享受型。

中国经济高速发展，人们的消费水平不断升级，未来的消费趋势是从温饱型转变为享受型，基于健康的消费成为主流消费。消费升级是同质化产品时代结束的根本原因。个性化、差异化产品会逐步取代同质化产品。

2. 战略重构原理与策略

我们就企业的战略重构原理与策略逐一展开论述。

（1）概念说明

战略重构就是通过对企业原有战略类型及战略实施效果进行

分析，为企业重新制定战略目标，规划战略实施路径，构建相应的战略执行体系。

（2）效应遵循：登高效应

登高效应是指登到高处才能看清全局。

企业遵循登高效应，是说企业战略重构需要具备战略高度，只有从俯视的角度才能看清行业全貌，企业才能把握战略方向。

（3）战略重构的原因

为什么企业需要进行战略重构？我认为主要有以下几个方面的原因：

①外部环境剧烈变化时，企业需要进行战略重构。

②缺乏有效的企业战略，或者是原有企业战略实施效果较差，不能实现企业的发展目标，无法扩大销售规模，利润处于滑坡状态。

③企业战略执行体系与企业战略脱节，企业战略无法落地。

④企业有更大的战略意图，需要持续构建新的核心竞争力。

（4）常见问题

企业进行战略重构的时候经常面临以下几个问题：

①企业进行战略重构是一个自上而下的过程，要求企业高级管理人员具备相关的能力及素养，一些企业的高级管理人员在企业发展到一定阶段后缺乏对企业战略的把握能力。以白酒行业为例，一些区域白酒企业在销售额做到 3 亿元以后，由于管理层的能力跟不上形势的变化，缺乏对企业战略的把握能力，无法提升业绩。

②一些中小企业决策者觉得企业战略看上去十分空洞，他们认为制定企业战略是纸上谈兵，一些企业决策者甚至觉得制定企业战略为时过早，就把年度计划当成战略规划，得过且过。

③没有永恒不变的竞争优势。当企业依靠原有的竞争优势获得成功后，一些企业决策者认为只要保持这种竞争优势，就可以让企业一直成功，获得“中国名酒”称号的部分企业的决策者就陷入了这种认知误区。

④一些企业决策者的错误认知会影响企业战略的准确性。过于看重眼前利益，或者是自大，这些都是影响战略理性思考的因素，往往导致企业决策者既没有从自身所拥有的资源出发，也没有结合产业发展的状况来制定企业战略。以白酒行业为例，一家企业的决策者在原酒生产规模及储存量都比较低的情况下盲目制定5年内进入“百亿俱乐部”的战略目标。还有一些尚未建立省级“根据地”市场的企业，其决策者急于制定全国化的战略目标。

企业需要不断积累资源用于制定战略，只有这样，才能形成自己的核心竞争力。企业能否在竞争中占据优势地位，关键在于企业拥有多少资源，可以说资源决定了一家企业在市场中的竞争地位。

⑤制定战略的关键在于确定方向和选择策略。确定策略的关键在于组织资源，落实战略，战术则是执行策略的行动技术。有的企业有战略，没有策略，不能把战略转化成具体的目标、计划和行动思路；有的企业把策略当作战略，把战术当作策略，没有树立正确的方向，引导企业确定长远的发展目标。在为企业提供咨询服务的过程中，我们常常见到企业管理人员把企业年度营销计划中的“策略”标榜为“战略”，而对应的“战术”则被其标榜为“策略”。

⑥一些企业决策者认为人力资源部门应当负责组织规划，他们没有站在战略的高度进行组织管理。在战略执行体系中，策略

层级最关键的工作就是进行组织规划。因为战略决定组织，组织传承战略，做好组织规划是企业战略落地的前提。组织包括组织结构、流程、责权体系三个要素，只有将这三个要素有效地组织起来，才能形成一个完整的组织。如果企业只有组织结构，没有对应的流程和责权体系，企业战略就无法落地。

⑦战略不只是规划“向何处去”，还包括“要淘汰什么”。一些企业的战略只侧重描述未来，没有舍弃过去的包袱，企业不能结合外部环境和内部效果及时进行战略评价并加以调整。

（5）重构方法

具体来说，企业重构可以采用以下几种方法：

①分析外部环境，明确行业发展趋势。基于外部环境及行业关键成功要素的变化，查找企业核心竞争力的塑造方向。

②观察企业现行战略的实施效果，分析产生差异的原因。

③对应企业战略的规划，从战略、策略、战术、即战力四个层次解析战略执行体系，发现体系中存在的漏洞，查找薄弱环节。

④评估企业的战略企图，把握战略机遇与企业资源配置，寻找企业战略升级方向，构建新的战略竞争力。

3. 企业成长路径

我们在实践中发现一些企业因为缺少战略步骤和战略计划，导致战略目标无法实现。我们进一步深入、系统地研究之后发现企业缺少战略步骤和战略计划，根本原因是对企业的成长路径缺少规划，或者说对企业的成长周期认知模糊，不能适时地依据企业成长周期制定企业的成长路径，也就是通常说的“正确地做事”。

我们从企业成长周期、成长能力、企业规模、市场份额四个维度总结提炼出企业成长路径原理。

袖珍型企业成长路径如表 2－1 所示。

表 2－1　袖珍型企业成长路径

成长路径参数				
成长周期	创业期	成长期	发展期	成熟期
成长能力	品质力	营销力	品类力	品牌力
企业规模	1 亿元	3 亿元	5 亿元	10 亿元
市场份额	10%	30%	50%	50% 以上

从顶层设计的角度来看，不同类型的企业有着不同的成长路径参数，这些参数可以让我们清晰地看到不同类型企业所处的成长周期。

袖珍型企业在整个行业中占比最高，随着产业集中度提高，这类企业最先被整合，不合格的企业会被淘汰。2000 年前后，全国范围内方便面企业有 1500 家，行业产值 400 亿元。在 2000—2010 年 10 年间，随着行业不断成长，产业集中度提高，方便面行业产值近 800 亿元，规模翻了一番，但行业内的企业数量从 1500 家减少到 150 家，90% 的企业被淘汰出局。再把时间延伸到 2015 年，整个方便面行业竞争格局稳定，康师傅占据方便面行业 50% 以上的市场份额，2010 年统一把企业战略调整为“挑战战略”，依托老坛酸菜面这个品类实现逆袭，重新回到方便面行业第二名的位置。当方便面行业的 CR4（产业集中度）大于 85%，方便面行业进入绝对垄断的产业成熟期。同时，除了康师傅、统一、华龙、白象四家领袖型企业，行业内存活的企业规模都在 5

亿元以下，这些袖珍型企业都出现经营亏损，处于垂死挣扎的状态。

啤酒行业和方便面行业有着相似之处，2000 年，全国啤酒企业有 2000 家，2015 年全国啤酒企业不足 200 家，90% 以上的企业在 15 年的时间内被淘汰，或者是被其他企业并购，而雪花、青岛、哈尔滨、燕京四家企业占据啤酒行业 90% 以上的市场份额，行业竞争格局稳定。

家电、农资、化妆品行业的情况与上述两个行业相似，按照“三四律”竞争原理，当一个行业内处于第一名的企业与第三名的企业的市场份额之比是 4∶1 的时候，这个行业的竞争格局就趋于稳定。如果没有意外发生，这个行业很难再出现其他具有竞争优势的企业。

综上所述，企业如果没有预见性战略，并通过这种预见性战略完成企业成长路径规划，就无法掌握自己的命运，企业就会处在自生自灭的状态。也许很多企业决策者对此说法嗤之以鼻，因为企业决策者不会认为自己没有能力掌握企业的命运，更不认同企业处在自生自灭的状态。很多企业决策者认为自己所有的辛苦和努力就是为了有能力让企业持续发展，实现基业长青，把企业做成“百年老店”，而问题往往就是这样产生的，企业决策者积极的努力在管理学中被称为“积极的惰性”。意思是我们积极的努力和付出是表面的，也是无用的，因为我们没有抓住问题的实质，没有从根本上解决问题。我们的积极总是在战术层面，没有围绕战略实施战术行动，没有深刻理解战略是战术的总和，甚至错误解读“战略是战术的总和”这句话，企业决策者深陷战术就会被日常事务缠身，也就是我们常说的“一叶障目，不见森林”。如果说企业战略是“纲”，战术就是“目”，企业决策者只有紧紧抓住企业战略，才能做到纲举目张。

以十亿级企业为例，我们来分析这类企业的成长路径。

从创业开始，企业就要围绕成长路径做战略规划，将战略目标分解成战略步骤和战略计划，才能确保企业真正把握自己的命运。

在实际情况中，企业决策者总是从财务的角度提出创业第一步战略是解决生存问题，企业只有生存下来才能保证创业成功，获得持续发展。我们说这种思维观念是极其错误的，因为创业阶段企业需要解决的是成长的问题，如果没有成长，企业就没有未来。我们对很多创业型企业的决策者说："不要一味看企业是否盈利，不能将财务指标作为企业创业成功的唯一标准，而是要将企业是否成长作为衡量标准。"对于绝大多数创业型企业而言，现金流的价值比利润的价值意义更大，没有现金流，创业初期仅靠微薄的利润难以支撑企业成长。企业决策者一定要明白这个道理：依靠自身盈利滚雪球式的发展时代已经结束，企业必须通过不断成长，聚集和整合资源，借势、借力，才能平稳度过创业期，实现成长。

对于绝大多数消费品企业而言，1 亿元销售规模是生死线，如果企业不能在创业期实现过亿的销售规模，无论企业有多高的毛利润，都不能说企业解决了生存问题，充其量是企业存活。当我们回顾过去 20 年各个行业的发展历程，会发现有很多知名企业已经销声匿迹。

为什么会出现这种情况？我们来进一步分析。

当企业处在创业期，如果企业决策者固执地认为赚钱是解决企业生存问题的唯一路径，企业就会丧失成长的能力，一旦竞争环境发生变化，企业就会丧失生存能力。除了极少数科技型企业依靠高附加值生存，大多数企业都是规模出效益，规模越大，竞争力就越强。

从企业成长周期、成长能力、企业规模、市场份额四个维度看袖珍型企业的成长历程，我们就会发现一些基本规律，我们在这里仅从企业规模的角度进行分析。

1 亿元的销售规模是企业的生死线，如果企业的销售规模无法超过 1 亿元，我们就说企业处在创业期。在创业期，企业面临的最大风险不是利润，而是规模下的盈利能力。处在创业期的企业只要有足够的盈利能力，就能把利润全部投到经营上，具备持续的盈利能力。因此，利润不是衡量企业是否健康的标准，盈利能力才是。

企业如果想让自己的销售规模从 1 亿元发展到 3 亿元，就需要从品质力转变为营销力。也就是说，营销力是企业从 1 亿元发展到 3 亿元的核心成长能力。大多数企业之所以没有在一定时期内实现 3 亿元的销售规模，就是因为有质量好的产品，但没有与其相匹配的营销能力，导致企业偏安一隅，最后被淘汰。

从 3 亿元的销售规模发展到 5 亿元，企业需要具备品类力。也就是说，拥有 3 亿元销售规模的企业必须立足差异化、个性化的品类，为自身注入成长动力，如果没有品类产品支撑，单凭营销能力会让企业陷入增长乏力的困境。我们早在 20 年前就提出“产品是皮，营销是毛”的观点，告诫企业决策者，如果没有品类的个性化、差异化，单靠营销能力，甚至是点子的创意能力，很难持续推动企业发展。

2010 年，我们为一家区域型乳制品企业提供咨询服务，当时这家企业的销售规模在 3 亿元左右。因为乳制品的产业集中度非常高，这个企业主要以运作农村市场为主，通过避开与成熟品牌在一级市场的正面竞争，不仅解决了创业期的生存问题，还扩大规模，增强区域品牌影响力。

基于这家企业的现实情况，我们做出两个判断：一是企业未来成长必须从营销力、品类力转向品牌力，只有成为区域内的龙头品牌，让消费者认为这就是本地的“伊利”“蒙牛”，企业才能持续发展；二是提出改变企业命运的销售规模是 10 亿元，当前的 3 亿元尽管有利润，表面上看企业做得红红火火，但是从整个行业的竞争态势来看，企业仍然危机四伏。

我们当时给出两个建议：一是基于进入城市主流消费群的发展目标，需要企业在品牌打造方面进行战略投入；二是基于乳业的蛋白营养时代已经结束，纯奶供大于求，恶性竞争很快就会到来。未来消费会从“蛋白时代”转向“风味时代”，我们提出做常温发酵乳及乳酸菌品类，通过品类力实现企业的快速成长。

这家企业的负责人觉得投入太大，而且他对企业当前的经营状况非常满意，便没有冒险做出决策。

后来，这家企业的负责人约我们见面，我们才知道企业已经停产。

望着这位企业负责人离开的背影，我们深有感触，如果当初他能够明白支撑企业发展的是企业的成长能力，规划企业的成长路径，就知道什么时候该做什么事，更会明白这样的道理：在企业成长的不同阶段，应该有不同的成长力。很多企业决策者仅从财务的角度判断企业应该做出什么样的决策，认为只要盈利，企业就是健康的，忽略了企业成长，导致企业在激烈的市场竞争中被淘汰。

从市场份额的角度我们也给出企业成长路径参数，10% 的市场份额是市场开始成长的标志，如果企业占有30%的市场份额，就会成为市场内的领导者，占据50%的市场份额则意味着企业成为市场中的垄断者，这时候企业的市场地位很难被撼动。

从市场份额的占有率来判断企业的成长周期，才是企业应有的市场战略。同时，企业决策者必须明白做市场不能像撒胡椒面一样，没有重点，必须立足市场份额做市场，因为市场竞争的本质是市场份额的竞争，没有市场份额企业就没有市场地位。我们经常对企业决策者说："假设现在有两家同样销售规模的企业，从市场的角度评判这两家企业的优劣，其标准就是市场份额。对于两家销售规模相同的企业来说，谁能够在最小的市场范围内率先实现3亿元的销售规模，谁就拥有市场优势。"中国的市场区域非常大，因此衡量企业是否安全的指标是市场份额，没有在一定市场范围内占据30%以上市场份额的企业并不安全。

4.【案例】国坛酒业集团的"三维世界"

2012年中国白酒行业进入调整期，从之前黄金十年的扩容式增长转变为挤压式的缓慢增长，包括茅台、五粮液、汾酒、洋河、郎酒在内的中国白酒头部企业迎来调整期的三年重构。

2016年，随着茅台量价齐升，酱酒迎来发展的黄金十年，截至2021年，酱酒产量和产值都实现成倍增长，根据行业预判，长期供不应求是酱酒的"新常态"。

国坛酒业集团投资人是上市公司珠海和佳医疗设备股份有限公司实际创办人、实际控制人蔡孟珂夫妇。他们自2012年开始投资布局茅台镇酱酒产业，截至2021年已经累计完成投资24亿元。2014年国坛酒业（酒厂）存储的基酒市值超过52亿元，

2015 年获批规划占地 13700 亩的中华国坛·智慧酒谷（酒庄），一期一批次完成总体建筑面积 25 万平方米，国坛酒业集团致力于打造“全球首个智能化酱酒产业服务平台，全球酱酒全产业供应链商业服务平台，全球酱酒爱好者的心灵牧场和文化体验庄园”。项目占地 13000 多亩，规划为 11 大主题 48 个中心，其中一期规划面积为 3080 亩，二期规划面积为 1259 亩，三期规划面积为 8889.5 亩。

中华国坛·智慧酒谷是仁怀市酱酒酒庄群落中规模最大、投资最多、功能最全、档次最高的“酱酒文化 + 生态观光 + 旅游度假”深度融合的生态旅游综合体，是中国首个酱酒文化养生国际生态旅游度假区。

2012 年蔡孟珂夫妇投资茅台镇核心产区酱酒，2014 年白酒行业的发展陷入低谷，他们斥资 11 亿元收储酱香老酒，2015 年投资规划中华国坛·智慧酒谷，累计投资超过 24 亿元，国坛酒业集团创办人蔡孟珂夫妇跨界创业，底气何在？

我们从线、面、体三个维度逐一解析。

（1）线：国坛产品线，中国酱酒价值“另一极”

白酒行业是一个传统行业，2012 年白酒行业的发展陷入低谷。相对白酒行业来说，医疗行业的收入更加稳定，蔡孟珂夫妇为什么会选择跨界，投入白酒行业？

蔡孟珂女士对我说自己是一个企业家，需要发现市场周期，与时俱进，白酒行业虽然属于传统行业，但一直是朝阳产业，2012 年白酒行业处于低谷期，正是介入的好时机，可以在挑战中发现机遇。再者，她是潮汕人，对酒情有独钟，家里很多长辈都会酿酒，受到家庭环境的影响，她对酒有着天然的亲近感。她说：“酒是百药之首，白酒里蕴含着庞大的养生智慧。”

依托20多年的商战经验，蔡孟珂选择跨界进入白酒领域，她暗下决心，“不做则罢，要做就做到最好”，从确立国坛产品线开始，她就决心打造中国酱酒价值“另一极”，并通过挖掘国坛产品的优势，为中国酱酒价值“另一极”赋能。

国坛产品有以下几点优势：

第一，三大天然优势，即茅台镇核心产区、美酒河绝佳水质、原产地纯粮酿造。

第二，三大匠心优势，即储酒陈、调酒陈、养窖陈的国坛“三陈工艺”。

第三，三大系统优势，即供应链系统、养生系统、文旅系统。

正因为具备差异化竞争优势，国坛产品自上市以来获得很多荣誉，包括布鲁塞尔国际烈酒大赛金奖、CCTV－2《魅力中国酒》指定用酒、一带一路礼宾用酒、世界游牧民族运动会国宾用酒等。

（2）面：国坛供应链，全球顶级酱酒全产业供应链商业服务平台

“除了做国坛酒，我更想搭建国坛供应链平台，因为供应链平台可以为上游客户服务，相对C端，B端的资源更大，覆盖面更广，可以为更多人服务。同时，也能够促进整个产业的产区化发展。”蔡孟珂告诉笔者。

根据笔者了解到的信息，2020年，国坛供应链平台和仁怀酒投、仁怀新宁酒业供应链平台成为贵州酱酒三大供应链平台，国坛供应链平台以13700亩超大体量的“全产业服务”作为比较竞争优势，设立助推酱酒产区企业集群化发展和打造世界级白酒产区标杆的愿景。

那么，国坛供应链平台如何实现“全产业服务”？

蔡孟珂表示，依托300亩酱酒供应链综合配套区，成品酒酒库、基酒酒库、成品酒酒库三大基础设施建设，配合库存系统、租赁系统、采购系统、金典三号先进管理系统，以及放心酒官方服务平台、酒类现货交易和融资服务平台，我们可以提供全产业上中下游三方面的服务。

上游金融方面，包括基酒质押融资、应收账款融资、预付账款融资、酒资产增值保值、大客户信用贷等。

中游贸易方面，包括封坛酒采购、定制销售、成品酒销售、收藏酒拍卖、不良资产处置、非公酒企股权交易等。

下游市场方面，包括会员服务、酒业俱乐部活动、酒业垂直社交平台、线下交易、关怀活动等。

（3）体：国坛生态体，世界级别酱香型智慧私藏酒谷

蔡孟珂说国坛酒业集团基于酒业发展，但不会拘泥酱酒的经营规划，而是致力于谋局多种商业业态，打造多个上市主体，中华国坛·智慧酒谷正是这一理念的重要体现。

2019年，此项目和茅台酒厂、贵州大数据共同确立为贵州省重点工程和重大项目，一直以来，国坛酒业对外宣称以“世界级”作为项目标的，那么，“世界级”如何体现？对贵州省白酒和酱酒发展有哪些利好作用？

“我们这个项目从开始立项就明确定位为‘世界级’，就目前的情况来看，已经实现了这一目标。”蔡孟珂告诉记者。

我们从三个维度来介绍中华国坛·智慧酒谷是如何体现“世界级”的。

①投资角度。选址在3.5平方公里的茅台镇酱酒产业核心腹地，总投资65亿元，占地13700亩，无论从地理位置、投资

额，还是占地面积来说，中华国坛·智慧酒谷都堪称世界级的项目。

②功用角度。中华国坛·智慧酒谷的核心理念是以中国健康酒道文化为核心，引领东方酱酒庄园时代，致力于打造仁怀“酱酒产业 CBD”。所以，在功能方面设置了七大中心，设施一应俱全，有 3.6 万箱日均产能的酱酒包装中心、32 万吨储量的留香酱酒储藏中心，还有混合与独立配合的“酱酒国际会展中心 +16 栋独立展馆”展示系统，高 99.99 米的国坛·华丹观光塔，世界顶级的国坛·保利郡雅酒店，全配套国坛行政中心。

综合来看，企业构建了供应链、文旅、私藏酒窖和康养四位一体的商业生态系统，整合功能业态也处于世界先进水平。

③运营角度。企业围绕贵州省委、省政府对茅台示范镇建设所做的定位打造“中国国酒文化之都”旅游第一站，在运营层面，中华国坛·智慧酒谷致力于建设中国首个酱香酒文旅主题庄园和 4A 级景区，融入贵州省“大产业、大数据、大旅游、大生态、大健康”五大发展理念，整体运营的科技性在世界上名列前茅。

国坛酒业集团从线、面、体三个维度打造国坛发展的“三维世界”，从国坛的产品打造到产业链的打造，再到生态体的构建，体现了国坛集团的担当意识。

2021 年 4 月，仁怀市人民政府发布《仁怀市国民经济和社会发展第十四个五年规划和二〇三五年远景目标纲要》（下称《纲要》），为仁怀市酱酒产业发展指明方向。《纲要》中明确提到：“支持国台、国坛、仁怀酒投等企业主板上市……到 2025 年，新增规模企业 30 家以上，培育 5 家白酒上市公司。”深耕十年，厚积薄发，蔡孟珂正带领国坛酒业集团成员战略性布局“A + H 股”

上市，成为酱酒“第二股”。

5.【案例】木伦河冰激凌从行业占比千分之一发展到三分之一

木伦河冰激凌是中国冰激凌行业的一颗新星。直到现在，低调的木伦河集团也没有完全进入公众视野。

我们简单介绍一下木伦河集团的情况。

木伦河集团是集冰激凌研发、生产、经营为一体的大型企业。截至2021年6月，木伦河集团拥有河南南乐、天津武清、安徽颍上、江苏泗阳、陕西杨凌、湖北监利、河北大名、内蒙古鄂尔多斯、江西南昌、贵州修文十大生产基地，拥有国内最先进的二氧化碳制冷设备，冰激凌年均产值90亿元。其中，河南南乐生产基地拥有18条生产线，是目前国内最大的冷饮生产基地，而正在建设的湖北监利生产基地，三期工程建成投产后，将会成为国内最大的生产基地。

2020年，木伦河集团冰激凌销售收入突破40亿元，成为中国冷饮行业的领军品牌之一。

木伦河集团是在最近5年里才取得上述业绩的。5年前，木伦河集团还是一个产值只有1800万元的小厂。为何木伦河集团在短短5年的时间里取得如此骄人的业绩？

笔者是木伦河集团的独立董事，也是木伦河集团的战略顾问，与木伦河集团创始人、董事长王晗力先生打了十几年交道。

这里，笔者就以一个见证者的身份为大家介绍这家企业的发展历程。

企业能够创造辉煌的业绩，源于企业家心怀梦想。

2010 年，中国冷饮行业开始进入产业化发展的整合期，同时也是冷饮市场需求的爆发期。传统意义上的冷饮产品定位是消暑解渴，是酷暑中的奢侈品。到了 2010 年，冷饮产品的定位发生变化，冷饮产品从消暑解渴的产品演变为休闲产品。

冷饮行业的转型发展给木伦河集团带来极大的挑战，作为企业家，王晗力先生敏锐地察觉到冷饮行业的转型既是挑战，也是机遇。

面对冷饮行业的整合与转型，作为一家产值只有 1800 万元的区域小型冷饮企业，木伦河集团应该如何规划自己的未来？王晗力先生陷入沉思。

最终，木伦河集团在王晗力先生的带领下开拓进取，取得了不俗的业绩。

经过研究，我们发现这样一种现象：在中国，很多白手起家的企业都有着相似的发展历程，而每一家创造辉煌业绩的企业都有一个极具梦想、敢想敢干的掌门人，我们现在将其称为企业家。企业家心怀梦想，有着执着的精神，带领团队不懈努力，让企业不断发展壮大。

木伦河集团的发展经历可以带给其他企业什么启示？我们认为木伦河集团成功转型，是因为企业重构，从而获得新生。下面我们就战略重构和经营重构展开论述。

（1）战略重构：现在的行动如何决定未来

大多数中小型企业会遵循两个原则：一个是赚钱；另一个是慎谈未来。

从赚钱的角度来看，很多中小型企业决策者认为企业只有赚钱，才会有未来，把赚来的钱投入运营，企业才能持续发展，逐步成长为大型企业。事实上，这是一种极度错误的思维，企业决策者认为企业只要赚钱，就会有未来，忽视了竞争和产业集中度这两个关键因素，同时，这种思维是基于“大家都这么干”的静态思维。事实上，制定战略的企业从来都不按常理出牌。

“慎谈未来”是绝大多数中小型企业的战略思考逻辑。中小型企业为什么不谈企业的未来？大致有以下两个原因：

一个原因是企业决策者觉得未来太遥远，应该基于当下，做好眼前的事情。事实上，基于当下做好具体的工作，这叫务实，但是规划企业的发展必须基于未来，这叫高瞻远瞩。我们研究过很多黑马型的企业，这些企业之所以能够发展成为领导型企业，很重要的一点是“用未来激励团队”。当然，绝大多数小型企业都是没有“用未来激励团队”。

木伦河集团当初是一家名不见经传的小型企业，如果没有基于未来规划企业的发展，就不会发展成为如今的大型企业。正是因为企业决策者深刻理解了“战略就是现在的行动如何决定未来”，木伦河集团才有了今天的领军地位。

同时，改变竞争规则也是木伦河集团战略的核心组成部分。从木伦河集团第一个五年发展战略来看，“改变规则实现速度冲击规模”是这个阶段的战略本质。

(2) 经营重构：舍得和效率是小型企业成长为大型企业的基石

经营的本质是利润最大化，也就是追求投入与产出比的最大化。

从经营“舍得”的角度看，传统经营思维是把利润“揣进兜里”，而木伦河集团的经营思维是把利润投放到市场，以企业规模成长推动利润成长，最后取得丰厚的利润。

一般企业的经营思维是滚动发展，用资本积累实现企业的规模增长。木伦河集团之所以保持5年40倍的成长速度，就是打破传统的经营思维模式，重构经营思维。

重构经营思维的核心是“逆向经营”。木伦河集团基于企业未来的发展战略，采用倒推的方式布局当下的经营规划，舍弃眼下的利润，以空间换时间。简单地说，就是不赚当下的钱，以牺牲利润换取企业成长。

从经营的角度看，木伦河集团是以明年的利润换取今年的成长这种逆向思维实现企业规模的跨越式发展，然后用企业的规模成长换取更大的成长动力。

很多企业把逆向经营思维看作战略冒险，如果企业舍弃了明年的利润，企业未来无法顺利发展怎么办？其实，不能拿未来赌现在的企业，只能是平庸的企业，或者说是缺少战略眼光的企业。

效率不仅是企业利润最大化的根源，更是企业成长速度的“加速器”。木伦河集团把效率当作经营战略。以生产设备利用效率为例，冷饮行业的设备开机时间一般情况下是6个月，即每年3月—8月，而木伦河集团的生产设备开机时间为10～11个月，也就是每年最多有两个月的停机检修时间。这种设备利用率的背后是企业的成本优势，同时也是成本优势转化为竞争优势的核心因素。当然，设备利用率的背后也是生产倒逼营销的成长策略。而一般企业把营销当作企业工作的重心，这种做法牺牲的是企业的未来。

生产倒逼营销就是产能倒逼市场。木伦河集团从制定第一个五年发展规划以来，按照每年建成投产两个生产基地的速度扩建产能，以产能扩张倒逼市场扩张，实现企业的快速发展。

6.【案例】金辉名酒货仓：玩转“大”与“小”魔方

2013 年，白酒行业在塑化剂事件和限制三公消费政策的影响下，彻底步入“寒冬”。

当时，在河南省郑州市，酒类企业采用的都是连锁经营模式。王雪创办的“酒便利”是一家中高档酒水直营连锁零售企业，公司实力强大，拥有四五老酒。除了“酒便利”，还有两家酒企老板一起创办的“酒天地”，更有茅台白金酒总经理蔡芳新创办的大河酒城，以及 1919 酒类直供连锁有限公司。除此之外，郑州市还有近 3 万家烟酒店。

传统经销商的出路在哪里？

面对白酒行业利润急剧下滑的严峻形势，转战“民酒”市场成为传统团购经销商的必由之路。作为传统团购经销商，金辉名酒货仓创办人池金清开始着手改革。

池金清是老子故里河南鹿邑人，深谙经营之道。众多酒类连锁企业看中小店的便利性，争相创办小店，池金清却独辟蹊径，把目光瞄准大店货仓，建立了金辉名酒货仓。

当初的金辉名酒货仓现在已经是金辉云酒货仓，在 2020 年“新冠”疫情爆发的大背景下，企业销售规模依然保持增长，销售额突破 18 亿元。2021 年，在其他酒类连锁企业思考如何控制成本，缩小规模之际，占地面积达 25000 平方米的金辉云酒货仓总部基地投入运营，池金清想的是如何创造更大的单店业绩和利润。

这个“果”的背后，隐藏着成功之道的“因”。

2007 年，金辉酒业还是一家夫妻店，与遍布郑州的数万家普通烟酒店没有区别，唯一不同的是金辉酒业创始人池金清一直怀揣一个梦想——开办一家大店，年销售金额 1 亿元，利润达到 1000 万元。

创业的过程并非一帆风顺。2010 年，金辉酒业一度濒临倒闭。在此之前，金辉酒业年营业收入仅为 600 万～800 万元。经过改革，2011 年，金辉酒业年营业收入突破千万元，之后年营业收入连续 6 年翻番。

在竞争激烈的酒水流通领域，金辉酒业是如何实现蜕变的？

金辉名酒货仓秉承“只卖真酒”的原则，连续多年高速发展，开创了国内酒类行业仓储式连锁运营模式，打造了独具特色的企业与员工新型合伙模式“店长对赌承包制”，以孝道文化为核心的企业文化造就了企业强大的凝聚力、向心力和战斗力，这让金辉名酒货仓在国内酒类流通领域中占据重要地位。

金辉名酒货仓创始人、董事长池金清认为经营企业就是经营团队，经营团队就是经营个人，经营个人就是经营人性。

金辉酒业之所以能够创业成功，是因为企业重视企业文化，创新管理模式，专注培养员工队伍，采用激励机制充分激发员工的创造力。

金辉酒业的成就主要体现在以下几个方面：

（1）首创专业酒水仓储式连锁运营模式

2007 年 12 月，池金清夫妇在郑州市未来路与商城路交叉路口附近开设了一家门店卖酒，门店很小，不到 100 平方米。

在最初的四五年里，金辉酒业的生意一直处于不温不火的状态。

面对这种情况，池金清明白了一个道理：企业要在酒水流通领域占据一席之地，就必须将门店做大做强。于是，他四处求学，苦练内功，终于在 2012 年 9 月开办金辉酒业的第二家门店——金辉名酒货仓聚源店，这对于金辉酒业来说是一个转折点，金辉酒业从此由街边小店转变为会员制连锁店。

然而，企业发展过程中必定会经历波折。2013 年，酒水行业进入深度调整期，酒水价格直线下滑。当时郑州市有 2 万多家烟酒店，倒闭了 5000 多家。不过，在池金清看来，酒水行业的调整使酒水价值回归，行业泡沫得以消化，正是金辉名酒货仓实现“弯道超车”的良机。

酒水行业不景气，大批经销商的货卖不出去，金辉名酒货仓趁势以较大销量换取较低进价。现在，金辉名酒货仓不用找经销商洽谈供货事宜，酒企、经销商会主动找他们合作。

进价低，终端价格自然也低。在池金清看来，未来酒水价格是透明的，酒水行业也将进入大卖场时代，货真价实、薄利多销的“金辉模式”将成为主流。

所有零售行业的毛利润基本都在 20% ~30%，而金辉名酒货仓凭借仓储式连锁管理这一核心优势将毛利润锁定在 8% ~12%。每家门店还设有一个微型仓库和一个流动货仓，在薄利多销的基础上努力打造“9 分钟送货”的优质服务。

经过五六年的高速发展，截至 2017 年底，金辉名酒货仓已经拥有22 家门店，还有8 家门店正在装修，年营业额有望达到数亿元。更重要的是，金辉名酒货仓在行业内创造了新的纪录，其麾下两家门店单店营业收入过亿元。

很多企业争相模仿金辉名酒货仓的经营模式，池金清自信地说：“他们只能模仿我们的仓储模式，我们企业的文化精髓是无法模仿的。”

在金辉名酒货仓，客户不仅能买到真酒，还能感受到与众不同的爱心服务。长期以来，金辉名酒货仓都会为客户和路人准备爱心雨伞、免费茶水、爱心药箱，还会开放厕所，为公众提供便利，这些看似不起眼的爱心服务为企业带来品牌力，也为其带来众多的回头客。

在金辉名酒货仓曾发生过一件事情，一位客户在金辉众意路店上厕所，店员热情专业的服务打动了他，他当即花费 49 万元购买金辉的酒水。

很多人感到好奇，究竟是什么样的企业文化，让金辉名酒货仓在众多酒水企业中脱颖而出？我们来为大家解惑。

（2）以文化驱动卖酒

中国酒类流通协会专职副会长刘员说："金辉酒业以传统文化为基石，把员工的梦想和企业的梦想融合在一起。"金辉酒业从一家小店发展到现在，已经成为大型企业。在白酒行业深度调整期间，金辉名酒货仓逆势而上，创新管理模式和经营方式，取得了丰硕的成果，企业得到长足发展，而这些都和企业倡导的孝道文化密不可分。

2017 年 8 月，泸州老窖总经理林锋曾专程前往金辉名酒货仓参观考察，他认为每家优秀的企业都有三个最具价值的东西：一是品牌和文化理念；二是资源体系、供应链；三是员工。前两者是公司的无形资产，员工才是企业发展的核心要素。

这与金辉名酒货仓的理念不谋而合。金辉名酒货仓只卖真酒，树立了自己的品牌形象。具备供应链优势，人才储备和梯队培养也是金辉名酒货仓的一大特色。

（3）重金打造学习型团队

2011 年是金辉名酒货仓发生重大转折的一年，当时，池金清为了改变现状，开始带领团队参加培训，帮助员工成长。在不到一年的时间内，公司就实现了千万元的营收业绩，一举扭转局势。

白酒行业进入深度调整期后，别人都在焦虑和彷徨，池金清却选择带领团队静下心来学习。在培训机构学习，池金清受益匪浅，于是坚持让金辉名酒货仓的每位员工都参与培训，保持学习力。在他看来，给员工最好的福利就是让他们接受培训。金辉名酒货仓近年来已持续投入 500 万元，让各个岗位的员工参与培训。

金辉名酒货仓成立商学院，池金清夫妇亲自当讲师，他们还邀请其他机构的专业酒类人才、管理人才、营销人才为员工讲课。

池金清经常对员工说一句话：“把自己变得值钱，挣钱是早晚的事。”

池金清对公司高层的要求是三分之一的时间用来工作，三分之一的时间用来学习，剩下三分之一的时间用来社交。

（4）以孝为先，增强企业凝聚力

“百善孝为先。”金辉名酒货仓将孝道文化变成企业的核心文化，增强了企业的凝聚力。

在“五不用员工”原则中，第一条便是不孝顺的人不用。“如果一个员工连自己的父母都不孝顺，他也不可能忠于企业！”公司常务副总裁王振岭表示，让孝道成为“过滤器”，以此为标准筛选员工，在招聘员工时，先把孝顺的人留下来，能力可以慢慢培养。

公司的“八大奖励”中还有一条是奖励员工休“孝心假”，这是金辉名酒货仓独创的条例，在国家法定节假日的基础上，另外给员工三天假，让员工带薪休假，员工在父母生日当天可以回家陪父母过生日，父母的结婚纪念日员工也可以带薪休假。

对于工作满一年的干部及优秀员工，金辉名酒货仓每年组织两次员工带父母双飞出国游，还有“感恩父母，鲜花接机”等活动，常常让路人误以为是在接明星，这让员工及其家人充分体会到企业赋予的荣誉感。

此外，金辉名酒货仓对正式员工还有一个强制性的规定，即从员工每个月的工资中扣除一部分存入其父母的账户，这部分资金被称为“孝养金”。

而员工最看重的是公司对优秀员工进行家访。金辉名酒货仓每年两次对工作满一年的优秀员工进行家访，并且全程录像。家访现场，公司组织人员敲锣打鼓地给员工家属送锦旗、家电，发现金，行鞠躬礼，感谢他们为公司培养了如此优秀的员工。此举让员工家属感到无比光荣，他们会敦促员工积极进取，为公司做出更大的贡献。企业让员工有归属感、成就感，团队的凝聚力和行动力也随之增强。

众所周知，在销售行业内，人员流失率比较高，但在金辉名酒货仓，人员流失率极低。据常务副总裁王振岭介绍，公司几乎没有离职的高层人员，2016—2017 年，正式员工无一离职。

原宋河酒厂厂长贺镇海说：“金辉酒业将孝道文化做到极致，使孝道文化深入人心。”

河南省酒业协会会长熊玉亮表示，金辉酒业的孝道文化让人非常感动，凝聚了团队力量，体现了企业决策者的智慧，激发了员工的创造力。金辉酒业从一家很小的夫妻店发展成为拥有 30 家店的大型企业，之所以能取得今天的成就，与企业推崇孝道文化有很大关系。

笔者和金辉名酒货仓创办人池金清既是同乡，也是校友。池金清将金辉名酒货仓这些年的逆势成长归结为不仅重构了酒类连锁企业的商业模式，更是重构了企业使命，而这种企业使命是以成就员工，成就员工家庭为目标。金辉名酒货仓逆势成长的内在逻辑并不复杂，恰恰印证了大道至简的哲学思想。

（5）用奖励机制提振士气

一家企业能够获得成功，绝不是老板一个人在“战斗”。金辉名酒货仓成功的法宝是充分调动员工的积极性。

池金清说：“只有我对员工好，员工才会对客户好，所以员工是我最大的客户。”基于这种理念，金辉名酒货仓从不吝惜给员工发放福利，总是及时对员工进行奖励。

公司既有包括月度福利、驾照补贴、家属助学金在内的“十大福利”和“八大奖励”，还设置了“红娘奖”，不定期对优秀员工进行家访，开办各种活动。金辉名酒货仓奖励优秀员工的方式是“能奖励物质的，不奖励金钱；能奖励体验的，不奖励物质；能奖励家人的，不奖励个人”。

金辉名酒货仓的月度福利包括牙膏、纸巾、毛巾、洗衣液等各种生活必需品。员工们吃的是公司种的有机米，公司年终会给员工送猪腿，目的只有一个，就是要让员工感受到企业给予他们的温暖，让他们找到归属感。

金辉名酒货仓奖励优秀员工从来都不吝啬。2016 年，在公司团队中，收入最高的员工年综合收入达到 82 万元，她为公司创造的利润近 500 万元，公司后来专门给她奖励一辆轿车。员工只要工作满一年，公司就会给予相应的奖励。

这些激励措施极大地调动了员工的工作积极性，销售业绩持续攀升。

（6）树立标杆，激励团队奋进

“十大元老”“五大金刚”“六朵金花”“五大战区”，这些都是金辉名酒货仓树立的标杆。公司通过树立标杆，让普通员工向优秀员工看齐，在企业内形成你追我赶、团结奋进的新气象。

“十大元老”是跟随企业时间长、贡献大的员工；“五大金刚”是奋战在企业各个岗位上的员工，一旦公司需要处理紧急事务，他们愿意冲锋陷阵；“六朵金花”颜值高，表现好，与企业步调一致；“五大战区”分管下辖的各个门店。

金辉名酒货仓还设置有“年度孝心人物”“十大忠诚客户”“十大合作伙伴”等荣誉称号。

（7）制定合理的经营分配机制

金辉名酒货仓取得非凡的成就，企业文化在其中起到了重要作用。但是，如果金辉名酒货仓没有实行“店长对赌承包制”，对员工进行股权激励，金辉酒业的战略很难落地。

可以说企业文化是“表”，而积极的经营分配机制则是“里”，表里合一，促使企业不断创新升级。

金辉名酒货仓的团队成员都很年轻，平均年龄仅30岁，公司总裁靳燕、常务副总裁王振岭都是“90后”，员工的薪酬比同行平均收入高30%。公司现有80位员工持股，有的是在单店入股，有的是在总公司入股，员工持股金额1000多万元。

（8）实行“店长对赌承包制”

金辉名酒货仓采用“店长对赌承包制”对连锁店进行管理。公司准备开一家新店的时候，会举办门店竞拍大会，有意竞争店长的员工进行目标业绩竞拍，公司结合员工承诺的业绩目标、门店基础情况和店长竞选人及门店团队的业务能力等综合因素，最终确定店长人选。

金辉名酒货仓采用双店长模式，在所有门店中，两位店长分别主管行政和销售，由两位店长出资投入资金运营，保证店面的收益，并提前缴纳对赌保证金，设立基础目标、冲刺目标及卓越目标等多个业绩目标，超额完成得越多，店长获取的奖励和分红就越多。

“店长对赌承包制”最大限度地激发了店长们的斗志和潜力，是保障业绩翻番的催化剂。

（9）股份分红显威力

“店长对赌承包制”对店长的激励作用立竿见影，对团队的激励作用却十分有限，股份分红弥补了这个缺陷。股份分红同样适用于客户、供应商及加盟商。

店长在单店有一定的股份，店长可以根据团队成员投入的资金、付出的劳动、所处的岗位进行利润分红。

针对客户、供应商、员工，金辉名酒货仓坚持创新开放的合作模式。除了推行“店长对赌承包制”，对于加盟商，金辉名酒货仓推出许多创新举措，比如拿出每日营业额的2%回馈加盟商，合作期满会以现金形式回购加盟商所持有的股份，等等。对于合作供应商，金辉名酒货仓积极采取不同模式的合作方式，而非单纯局限于简单的供求关系，围绕互利共赢的理念努力实现深度战略合作。

目前，金辉名酒货仓正处于门店的扩张期，通过精耕细作，在郑州布局的基础上，开始尝试在地级市开店，接下来将向上海等一线城市持续扩张，实现点的突破。与此同时，其电商平台“云酒货仓”已上线，线上、线下融合发展，全面发力。

未来，金辉名酒货仓将冲击梦想之巅，打造一个拥有“大平台、大连锁、大数据”的专业酒类连锁企业。

7.【案例】“思念系”的千味央厨一飞冲天

2021 年 7 月 8 日，“思念系”的千味央厨成功过会，公司作为餐饮行业重要的加工企业，产品覆盖油炸类、蒸煮类、烘焙类等产品，历经8年发展成为连锁餐饮行业内的“超级后厨”。

千味央厨为何能够一飞冲天?

背景分析：作为食品行业的重要组成部分，速冻食品行业在发达国家已经发展得较为成熟，但在中国仍然有很大的发展空间。2016年，中国消费者人均消费速冻食品约10公斤，相当于美国消费者的15%，欧洲消费者的25%，日本消费者的40%。目前，中国速冻食品行业的发展面临种种挑战，一是受中国居民消费习惯、收入水平的影响，尤其是受近年来中国宏观经济增速放缓的影响，速冻食品行业的增长速度已经由10多年前的30%增长率放缓到近两年的15%，不过仍然高于一般行业；二是由于加工技术逐步普及，速冻食品加工企业众多，全国规模以上企业数百家，小型企业更是有数千家，行业供应能力充裕，竞争激烈，行业销售增长率呈波动下降的态势。

速冻食品行业分析如表2－2所示。

表2－2　速冻食品行业分析

时间	发展阶段	行业特点
二十世纪八十年代末至九十年代初	萌芽起步阶段	部分地区出现用冷冻、冷藏方式储存食品的现象，速冻食品更多的是指食品的储存方式而非生产方式
二十世纪九十年代初至2004年	快速发展阶段	产品线开始变得丰富，肉类、水产类、米面类产品琳琅满目，速冻食品厂家快速增长，行业集中度加强，实现了现代意义上速冻食品的快速发展

续表

时间	发展阶段	行业特点
2005—2015 年	整合发展阶段	随着连锁超市普及和冷藏技术进步，冷藏产业链逐步完善，行业实现迅速发展，涌现出以三全、思念为代表的米面制品企业，以安井、海霸王、海欣为代表的速冻肉类制品企业，以山东惠发为代表的畜禽类产品企业
2015 年至今	竞争白热化阶段	受到互联网技术的冲击，大型实体商超发展滞缓，销售网点集中使得竞争加剧，餐饮外卖行业的兴起影响到速冻食品行业的发展，激烈的市场竞争导致速冻食品行业内的企业盈利受到影响

事实上，2012 年速冻汤圆、饺子、粽子这几类食品基本都处于“赔钱赚吆喝”的状态。三全、湾仔码头等速冻食品行业内的头部企业遭遇行业拼抢式竞争，开始实施产品重构，推出高端产品以改善经营恶化的趋势。

思念食品的创办人李伟在产品重构的同时开始系统重构一家全新的企业——千味央厨。我们为大家简单介绍千味央厨的情况。

(1) 千味央厨的市场战略重构

思念食品的创办人李伟以壮士断腕的勇气，舍弃原有的市场资源，从消费市场进军餐饮市场。

我们对速冻食品行业进行分类，从产品维度上看，千味央厨属于速冻米面制品企业，从客户维度上看，千味央厨属于餐饮市场企业，公司在发展过程中较多地体现出其客户特征，即服务餐饮市场的B2B模式特征。基于此，有必要对速冻食品行业的消费市场和餐饮市场进行对比，加以分析。

①消费市场（终端产品）。

消费者对速冻食品有较大的需求，特别是在城市消费市场，由于生活节奏加快，工作时间变长，消费者缺少足够的时间做饭，对速冻食品的需求越来越大。此外，各种现代烹饪设备的出现也为速冻食品的推广提供了良好的条件。面向消费者的速冻食品主要是在超市中销售，早在二十世纪八十年代就出现了速冻蔬菜、速冻海鲜和肉类，但一般加工程度不深，多是生鲜品直接速冻。二十世纪九十年代，随着居民生活水平不断提高，速冻食品行业也得到长足发展，可以为消费者供应速冻的成品、半成品，最具代表性的是成立于1993年的三全食品和成立于1997年的思念食品两家企业。经过二十余年的发展，三全食品和思念食品已经成为速冻食品行业的两大龙头企业，销售额突破50亿元，其主要产品速冻饺子、汤圆、面点、粽子直接面向终端消费者。

整体来看，消费速冻食品市场的规模要比餐饮速冻食品市场大5倍左右，不过随着餐饮速冻食品市场社会化程度越来越高，两者之间的差距也变得越来越小。由于速冻食品以米面为原料，工厂出品的一般是全熟或半熟制品，后期采用油炸、蒸、煮、烤等方式加工，是一个相对独立的领域，与其他水产、畜禽、果蔬类的速冻食品有明显差别，不具备替代性。

②餐饮市场（中间产品）。

消费市场的速冻食品广为人知，虽然人们对以千味央厨为代表的餐饮市场较为陌生，但是并不意味着这一市场占比较少。相反，餐饮市场在国外发展较为成熟，在国内也是方兴未艾，而且具有很大的市场潜力。

速冻食品餐饮市场主要存在于美国、日本、欧洲等发达国家和地区，发展较为成熟。2016 年，全球供应餐饮机构的速冻食品市场规模达到 1939.1 亿元。美国是世界上餐饮速冻食品产量和消费量最大的国家。美国的西斯科公司（Sysco）是北美最大的食品服务销售企业，营销网络遍布美国，公司为餐厅、饭店、医院和学校提供餐食，食品包括鲜冻肉、海鲜、家禽、蔬菜、水果、零食及环保餐具、厨房用品等，服务的客户数量多达 420000 家，2016 年这家公司的销售收入接近 50 亿美元。由此可见，美国餐饮速冻食品市场的发达程度。欧洲是餐饮速冻食品第二大消费市场，消费量仅次于美国。日本是餐饮速冻食品第三大消费市场，也是亚洲第一大消费市场。总的来说，经济越发达，生活节奏越快，社会化分工越细，酒店、连锁餐饮及冷链物流等行业越发达的国家和地区，餐饮速冻食品行业越发达。

国外的西式快餐企业进驻中国市场，带动中国的速冻食品餐饮消费市场发展，西式快餐企业包括麦当劳、肯德基等国际快餐企业。早在二十世纪八十年代，这些国际餐饮巨头来到中国发展，在中国建立自己的供应体系，选择一些国内速冻食品企业进行供应链合作，形成餐饮消费市场，刚开始餐饮消费市场规模较小，品种也比较单一。后来，真功夫、呷哺呷哺、海底捞等中国连锁餐饮企业崛起，他们在供应端开始学习洋快餐的经营模式，建立自己的供应体系，带动餐饮速冻食品市场快速发展。由此，餐饮速冻食品的需求量快速增加，2015 年行业规模达到 54.4 亿元，同比增长 23.5%。

中国餐饮业收入及增速如图 2－1 所示。

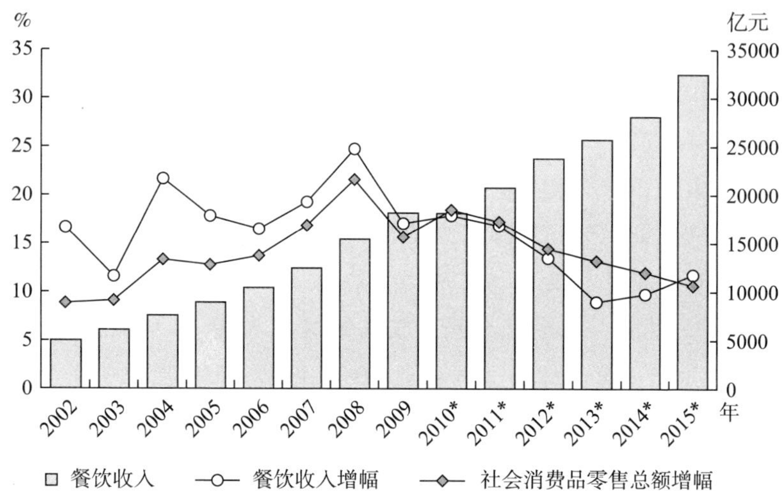

图 2－1　中国餐饮业收入及增速

（中国烹饪协会：《2015 年中国餐饮市场分析报告》）

与美国、日本、欧洲等发达国家和地区相比，中国餐饮速冻食品行业在市场规模、技术水平、生产工艺、产品质量等方面还存在差距。目前，中国速冻食品作为原料在快餐业中的比例不足5%，在整个餐饮业的原料供应中占比不到2%，人均消费量远不及美国、日本、欧洲等发达国家和地区。

从长期来看，国内餐饮业仍然有很大的发展空间。一是随着中国经济发展，居民收入增加，城市化进程加快，中国餐饮业仍将保持较快的增长速度，从而刺激餐饮速冻食品的需求；二是中国餐饮企业面临“四高一低”（房租价格高、人工费用高、能源价格高、原材料成本高、利润越来越低）的难题，出于人工成本、后厨空间、快捷出餐、食品安全等方面的需要，餐饮业的经营模式也必须进行转型，逐渐由原来的自制食品转向更多地使用速冻食品。因此，尽管会有一些波折，但餐饮速冻食品行业存在长期发展空间。如果中国消费者的消费水平达到欧美国家消费者的一半，那么餐饮速冻食品的市场规模将达到800亿元，是目前规模的十余倍。

（2）千味央厨市场战略重构驱动运用体系重构的历程

千味央厨成立于2012年4月，是思念食品的关联公司。思念食品是国内速冻食品行业内的巨头，年销售额达到50亿元，与三全食品一样，在全国食品行业内位居前列，拥有强有力的产品开发和销售能力。早在2006年，思念食品接受国际餐饮巨头百胜中国餐饮控股的委托，成功研发出中国第一根工业化速冻油条，并把速冻油条供应给百胜餐饮旗下的肯德基。由于有良好的合作基础，思念食品又成功地把冷冻面条、挞皮（蛋挞底托）、馄饨、比萨饼底等产品供应给百胜餐饮旗下的小肥羊、东方既白、必胜客等餐厅，成为百胜中国餐饮速冻米面类产品的核心供应商。2012年，思念食品把供应百胜中国餐饮的业务切分出来，专门成立了千味央厨食品公司，为百胜中国餐饮提供定制化产品。

千味央厨并没有停留在百胜中国餐饮的供应业务上，在此基础上，拓展更多的销售渠道。一方面依托自身是百胜中国餐饮供应商的品牌优势，和国内诸多大型餐饮连锁企业合作，成功地研发出适合这些餐饮连锁企业售卖的产品，成为德克士、真功夫、华莱士、吉野家等餐饮企业的供应商；另一方面依托思念食品的研发和生产技术，千味央厨研发出一些适合普通餐饮企业使用的产品，比如手抓饼、红糖馒头、米糕，等等。千味央厨通过招募经销商，成功地把产品售卖给城市和乡村的小型餐饮企业，销量逐年攀升。

千味央厨的发展历程如表2－3所示。

表 2－3　千味央厨的发展历程

时间	发展阶段	发展特点
2004—2012 年	前身：思念食品餐饮业务部	承接百胜中国部分餐饮供应业务，同时开拓其他连锁餐饮企业部分业务
2012—2014 年	独立公司快速发展阶段	大型连锁餐饮企业业务取得突破性进展，同时开始尝试招募经销商，覆盖中小型餐饮企业市场
2014—2017 年	跨越阶段	市场需求集中爆发，形成大客户和经销商渠道并稳步发展

千味央厨注册资本 1400 万元，在强手如林的资本市场中重点聚焦直供餐饮机构市场，为大型连锁快餐企业提供速冻成品、半成品，经过 5 年的努力，千味央厨取得了骄人的业绩，走出一条独具特色的成长之路。当其他速冻食品企业面临增长失速的时候，千味央厨却每年保持着 40% 的增长速度。目前为止，公司已经成为一家注册资本超过 6000 万元、拥有三个加工基地和 1500 名员工的中型食品制造企业，全年销售额达到 7 亿元，净利润达到 4500 万元，销售范围基本覆盖国内 20 多个省市。企业从简单的供应速冻半成品发展成为提供包含产品设计、生产加工、运输配送及后续配套服务在内的产品综合解决方案。

千味央厨销售收入及利润如表 2－4 所示。

表 2－4　千味央厨销售收入及利润

时间	2017 年	2018 年	2019 年	2020 年
主营业务收入（亿元）	5.93	7.01	8.89	3.67
净利润（万元）	4700	5900	7400	2400

思念食品主要面向C端，而千味央厨则聚焦B端，两者存在显著的市场差异化特点。在长期的发展过程中，思念食品成为重资产企业，而千味央厨则属于典型的轻资产企业，公司没有负债，原有的发展资金全部来自企业自身的积累和合作企业的投资，京东和绝味进行战略性投资，客观上将为该公司的上市背书。

我们通过分析千味央厨的成功案例，得出结论：集团化企业重构经营业务，无论是跨界还是关联行业，都需要形成独立的运营体系，这样做可以规避风险，避免新成立的公司被原有企业拖累，出现两家企业一起倒闭的情况。这样做还有利于新成立的公司轻装上阵，自主决策，在新的领域开拓出一片新天地。“思念系”千味央厨的做法值得其他企业学习，这将会给诸多大型民营企业的集团管控建设带来深刻的启示。

二、品牌重构

企业在进行战略重构后，要进行品牌重构。

1. 带着消费者一起玩

大家都知道过去企业传播品牌影响力的方式是在电视上插播广告，或者是在报纸上刊登广告，能够在央视打广告就意味着企业登上品牌传播的巅峰。现在，企业通过在电视上插播广告的方式传播品牌影响力，效果不尽如人意。

之所以出现这种情况，主要有两点原因：一是消费群体发生了深刻的变化，现在，年轻人成为消费的主力军，他们对传统电视节目不太感兴趣，企业在电视上插播广告，借此传播品牌影响力，受众越来越少；二是消费者获取信息的渠道呈现出多元化的特点，消费者可以通过手机和电脑上网获取信息，还可以在朋友圈浏览信息。

过去，消费者使用品牌产品觉得很有面子，品牌是打动消费者的法宝；现在，消费者越来越重视消费体验，重视消费的个性化差异，企业很难用品牌号召力打动消费者。企业必须思考这样一个问题：在“去中心化”的互联网时代，消费者认为品牌的价值是什么，他们想通过购买品牌产品得到什么。

互联网时代，企业在实施品牌重构前应该着重思考以下几个问题：

（1）品牌形象如何与时俱进

在年轻消费群体成为主流消费群体的时代，企业一定要深入研究年轻消费群体的价值观、消费观及消费行为。我们必须明白年轻人和前辈在价值观、消费观及消费行为方面有着本质的区别。

很多企业幻想按照传统的品牌思维方式对年轻人实施教育，我们可以肯定地说这些年轻人是极具个性、充满理想的人，他们对企业的这种做法会感到反感，甚至抗拒，企业这样做是自我毁灭。

企业应该怎么办？我认为企业可以采取的唯一方法是让自己的品牌与时俱进，通过融入更多的“年轻元素”，让年轻人认可你的品牌。

我再次提醒“老字号”品牌，如果这些传统企业不能做到与时俱进，或者是不能找到年轻人喜欢的品牌体验方式，坚持认为自己是“国宝”级的品牌文化和理念，漠视年轻消费群体的品牌需求，企业未来就会面临倒闭。

近几年快速兴起的国学教育也曾经面临困境，倡导国学教育的人刚开始会穿着长袍宣传国学，希望以这种形式给人们留下深刻印象，让他们接受国学教育。事实证明，宣传国学不能只注重形式，国学的内容也要与时俱进，才能为年轻人接受。在经历挫折之后，古老的国学也变得年轻化，国学的很多内容不仅被学校编成儿歌，还被影视文化单位拍成动画片，这样做既宣传了国学思想，也创造了经济效益。

（2）品牌传播手段如何多元化

互联网时代，个体和企业自身就是一个“自媒体”。根据传播学的“六度空间”理论，每个个体都是一个会说话和走路的媒体。

自媒体时代来临，降低了企业的品牌传播难度和传播成本，为什么企业反而觉得无从下手，不知道如何打造品牌影响力？原因有两个：一是企业没有挣脱传统品牌观念的束缚，仍然被传统的品牌理论制约。企业决策者不明白每个理论都有生命周期，没有一成不变的理论，也没有适用于所有企业的理论。理论是对于实践的总结，实践先于理论。我们从事了十几年的企业品牌策划及企业经营管理营销服务，发现没有一家企业是先找到成功的理论，然后按照理论进行实践，最后获得成功，那些成功的企业都采用了基于顾客思维的思考模式。二是企业对互联网时代的品牌传播缺乏研究。企业仍然幻想找到“一招制敌”式的品牌打造方法，以此来获得成功。我们可以明确地告诉企业决策者没有这种可能性，企业决策者应当基于现实情况，从顾客的角度出发，寻找顾客的需求点，以此打造自己的品牌，满足顾客的需求。

过去存在“秦池式”“脑白金式”的品牌传播路径，现在也有“恒大式”的品牌现象。“恒大式”的品牌现象只是个例，不适用于所有企业，企业只有在品类、品质、企业价值观等方面有着深厚的积淀，才能造就自己的品牌影响力。企业如果进行品牌传播，就必须投入资金，耐心等待时间的积淀，收获成果。

在自媒体时代，企业要用系统的思维思考如何系统地规划品牌推广，构建品牌传播体系。我们在这里告诉企业一个思想，就是所有的品牌动作都必须围绕消费者展开。企业家要谨记一个原则：一切不围绕消费者所做的品牌动作都是有问题的。

企业制定品牌传播动作必须围绕各个媒体的消费价值体系展开，只有深刻认知当前各种类型的媒体的消费价值（注意：这里说的不是媒体价值，媒体价值源于消费价值），根据不同媒体的消费价值，结合自身品牌的发展阶段，制定完整的品牌传播动作。同时，围绕顾客的品牌体验和产品体验打造品牌体系。这是企业必须思考并且首先解决的事情。劲酒的“带着顾客去旅行”就是品牌体验与产品体验的完美结合。其实，很多企业都在建设工业观光式的顾客体验体系，但是真正成功的企业很少。失败的企业要么把顾客体验做成顾客旅游，要么就是让顾客到景区购物店消费。他们把顾客体验做成顾客推销，或者是误认为顾客体验就是品尝式的体验。事实上，顾客品牌体验是围绕品牌的“顾客心智”展开的。没有顾客的心智品牌体系，这种参观式、品尝式的体验就是一场旅游购物活动，很难形成口碑，企业这样做必然导致失败。

（3）品牌重构就是和消费者一起玩

树立品牌是产品畅销的结果，产品畅销是树立品牌的前提。树立品牌和产品畅销是互补关系，没有畅销的产品，企业就无法树立品牌，但在现实生活中品牌知名度很高，而产品卖不动的现象也很普遍。

企业怎样做才能调动消费者的积极性，让消费者和自己一起玩？

我认为企业激发消费者的兴趣，带动消费者和自己一起玩，具体可以采用以下两种方式：

一是从品类的角度为品牌注入活力。企业觉得市场难做，不是因为消费者没有购买力，而是因为产品没有得到消费者的认可。各个行业呈现出总体规模增长缓慢的现象，有的企业的总体规模甚至出现下滑的态势，不是因为消费者没有购买力，而是市场总量过剩，或者说是传统产品总量过剩，差异化、个性化不足。年轻一代的消费者更关注产品是否具有个性化特征，通过购买产品对品牌产生归属感。企业投入巨额资金进行品牌宣传，如果还是采用传统的王婆卖瓜式的品牌传播方式，年轻一代的消费者会非常排斥，说："跟我有什么关系？"

二是利用互联网及自己的"基地"和消费者一起玩。过去，企业无法精准地获取消费者的需求信息，只能自己琢磨"谁是我们的潜在顾客""谁是我们的顾客""顾客为什么买我们的产品""顾客通过我们的产品得到了什么样的体验"。现在，有了互联网形成的社区商务圈子，或者说人人都是自媒体的圈子，企业可以通过获取信息准确捕捉顾客的需求，明确谁是自己的顾客，顾客为什么购买自己的产品，以及如何挖掘潜在顾客。

互联网时代，我们的工作方式也在发生变化。过去，在为企业提供咨询、策划服务的时候，我们研究企业的产品、企业的消费群体、新品开发，都是亲自做市场调研，效率非常低。现在，我们借助自己研发的互联网专项工具，过去 3 个月才能完成的工作现在只需要20天就可以完成，而且准确率和成功率非常高。

企业也要改变自己的工作方式，以“走进顾客的生活方式”为思维体系，很快就能找到顾客需求，有针对性地打造自己的品牌。

很多企业觉得建设品牌很困难，除了前面说到的企业缺少对互联网环境下的品牌动作的研究，更重要的是企业没有传播足够的信息并以此来打动消费者。在互联网时代，尽管企业信息传播更加便捷，但是研发出打动消费者心智的信息难度也在加大。企业如果不能走进顾客的生活方式，就很难实现系统的创意。正如前两年订阅号盛行一样，很多企业跟风做订阅号，要么没有人关注，无法带来流量，要么有人看过，印象不深。有的订阅号甚至出现内容审查不严的情况，消费者看后产生抵触心理。这难道不是劳民伤财？这些企业应该好好反思，找出问题并加以改善。

2. 品牌重构原理与策略

下面我们就品牌重构原理与策略展开论述。

（1）概念说明

品牌重构就是通过对品牌与消费者的关系、品牌与品类的关系、品牌与竞争品牌的关系、企业内品牌之间或产品之间的关系进行分析，重新树立品牌与消费者的关系，强化或调整品牌与品类的关联度，优化品牌在市场竞争中的地位，建立适合企业发展的品牌架构，不断推进品牌资产增值并最大限度地合理利用品牌资产。

站在消费者的角度看，品牌是消费者对于商品产生的主观印象，使得消费者在选择该商品时产生购买偏好。站在企业的角度看，品牌是企业的代表，是企业产品的标识，是企业产品与竞争对手产品的差异化符号。站在品牌管理的角度看，品牌代表着企业与消费者之间的关系，品牌是“代表品类的名字”，品类则是消费者“心智中的小格子”，是从顾客心智的角度对不同产品进行区分。

（2）效应遵循：“标签效应”

心理学认为，之所以会出现“标签效应”，主要是因为“标签”具有定性导向的作用。无论好坏，它对一个人的个性意识的自我认同具有强烈的影响作用。给一个人贴“标签”的结果往往是使其向“标签”所喻示的方向发展。

企业品牌重构需要审视企业的品牌标签，辨别正误，重构品牌标签，发挥“标签效应”。

（3）重构原因

品牌重构主要有以下几个方面的原因：

①企业的品牌体系混乱，名称杂乱，甚至部分名称存在先天缺陷，无核心品牌。

②品牌成为某类劣势产品的标签，盈利能力较差，甚至处于亏损状态。

③品牌与品类无关联度，品牌和品类难以占据消费者的心智资源。

④品牌识别系统陈旧、模糊，不能进行形象化传播。

⑤品牌没有与粉丝建立有效的沟通体系。

⑥企业基于对新品类、新市场的开发，推行新的品牌战略。

（4）常见问题

品牌重构主要面临以下几个常见问题：

①企业一个品牌还没推广成功，又推出下一个品牌，品牌越

来越多，结果一个也没有做大，有的品牌还会被市场淘汰。比如“老村长”酒在2002年以前先后推出“龙江屯”“虎妞”等品牌，市场存活期都不到两年。

②企业推广品牌的时候对品牌的定位不准，甚至没有仔细推敲品牌名称，“虎妞”这样的品牌名称，如何打动消费者？企业推出“小老弟”这样的品牌名称，“小老弟”酒用来宴请长辈、领导、兄长都不行，请小兄弟喝酒，拿一瓶“小老弟”酒好像也不太合适。

③企业核心品牌延伸过度，就会透支品牌资产。比如五粮液不断延伸出来的品牌名称有五粮尊、五粮陈、五粮窖、五粮神、五粮源、五粮春、五粮情、五粮醇、五粮国宾等，这些品牌定位混乱，甚至在品牌传播时打着五粮液的旗号进行宣传。五粮情曾在购物频道上宣传“中国五粮系标志级酒品”，定价为598元6瓶，解说词是“这酒比五粮液便宜，五粮液1000多元一瓶，五粮情90多元一瓶”。

④受负面因素影响，品牌美誉度受损，导致品牌发展受限。

⑤企业在品类创新的时候不是站在消费者的角度命名品类，而是站在技术角度界定品类，导致消费者对品类感知度低。至今，大部分消费者无法说出酱香、清香、浓香、米香、凤香、特香、老白干香之间的区别。企业需要从香型品类的概念转换成消费者易于理解和感受的品类概念。另外，在品类创新中，要注重调研消费者对品类概念的接受度，谨慎使用消费者无法接受的品类概念。比如2000年天冠集团推出“纯净酒”，这个品类虽然具有健康的消费理念、先进的生产工艺，又符合国家的产业政策，消费者却不买账。

⑥随着互联网时代的到来，“80后”“90后”这些在网络中

成长起来的消费群体具有新的消费理念，如果品牌不能与其进行互动沟通，不能从中培养出自己的粉丝，他们就会将那些思想僵化的品牌拒之门外。而现在多少个白酒品牌都不知道如何通过微博、微信建立与新生代消费群体的沟通渠道。

⑦企业在计划推出新品时，有时会纠结用老品牌还是新品牌，企业决策者需要想清楚用老品牌存在什么问题，假设用新品牌，如何界定新品牌与老品牌之间的关系，新品牌在市场上有哪些推广渠道，等等。

（5）重构方法

品牌重构可以采用以下方法：

①依据企业战略制定品牌战略。

②依据品牌战略建立品类战略系统，依据品类规划品牌，贯彻定位思想。

③把主推品牌发展成为核心品牌，建立品牌声誉。

④依据品牌文化确定新品牌名称，既要使品牌名称与目标消费群体易于建立关系，又要防止品牌名称出现先天缺陷。

⑤当企业原有品牌被贴上劣势标签后，勇于推出新品牌，并为新品牌贴上新标签，通过新标签升华老标签，比如仰韶集团推出“彩陶坊”品牌。

⑥以消费者的思维重新建立品类概念，比如洋河创新的绵柔型白酒就是从消费者的口感出发建立的新品类。

⑦以品牌的“青春化”策略更新品牌识别系统，并进行阶段性固化传播，建立清晰的品牌形象。比如“老村长”品牌，保持品牌名称和形象代言人 10 年不变，但老村长品牌字体、品牌广告语、广告图案、形象代言人的服装却要阶段性地发生变化。

⑧借助外部电子商务公司的支持，组建内部电子商务组织，

通过移动互联网建立与目标消费群体线上的沟通关系，组织开展线下活动。

3.【案例】汾酒品牌重构：确定主推品牌，塑造企业品牌战略

我们给大家介绍汾酒品牌重构的过程。

（1）运作背景

依靠经销商买断产品的运营模式，汾酒集团在经历 1998 年朔州假酒案之后，历经 8 年时间走出低谷。2006 年，汾酒的销售规模为 17 亿元，此时汾酒集团遇到新的问题。唐朝诗人杜牧的诗句家喻户晓，“借问酒家何处有，牧童遥指杏花村”。汾酒集团一直将“杏花村”作为主推品牌。然而，在汾酒集团所有品类的酒中，主推品牌“杏花村”的销量在整体销量中占比很小，而且呈现出下滑趋势，汾酒品牌的系列产品销量则占据绝对优势，究其原因是汾酒旗下大部分产品属于经销商买断产品。在汾酒产品线中，“老白汾”是中高端产品，汾酒是中低端产品。汾酒集团决策者感到纠结，是继续主推“杏花村”品牌，还是以销量大的汾酒为主推品牌？确定主推品牌后，企业应该如何发展？

（2）咨询使命

确定企业主推品牌，构建企业品牌体系，塑造企业品牌战略，解决品牌发展障碍，实现企业主推品牌快速成长。

（3）解决之道

汾酒集团品牌重构，对“杏花村”、汾酒、“竹叶青”进行品牌梳理，哪个品牌能够在未来承担起企业的发展使命，就主推哪个品牌。接下来进行品牌区隔，确保主推品牌的核心地位，以主推品牌带动辅助品牌，品牌间协同发展。

（4）汾酒品牌重构“密码”

汾酒集团决策者提出几个问题：一家刚刚经历过品牌危机的企业敢不敢进行大动作的品牌重构？一个管理混乱但销量较大的品牌能否成为企业的主推品牌？将一个辅助品牌确定为主推品牌后，原来的主推品牌是否还能够存在，并且继续发展？

我们给出的结论是：只要找到方法，这些都可以实现。

品牌重构包括以下几个“密码”：

“密码”一：大众消费品销量比品牌更重要。

不少大众消费品企业认为企业发展的核心是树立品牌，只要消费者认可企业的品牌，产品就有销路。让我们感到疑惑的是如何让消费者认可企业的品牌。经过研究，我们得出结论：对于大众消费品来说，先有销量，后有品牌，即在产品确定品牌之前，销量是“皮”，品牌是“毛”，“皮之不存，毛将焉附”？只有销量持续增长，才能树立品牌地位。

“密码”二：将品类名称上升为品牌名称。

消费者选择商品是“以品类来思考，以品牌来表达”。品牌是品类的名称，品类是消费者“心智中的小格子”。对于汾酒来说，长期以来是以“杏花村汾酒”的名称出现，从消费者心理的角度来看，“杏花村”是产品商标，汾酒是产品名称。品牌发展的最高境界是成为一个品类的代表。“杏花村”与汾酒哪个更容易成为消费者心目中的品类代表？答案是汾酒。因此，把汾酒从产品名称上升为品类名称，再上升为品牌名称，这样做更直接，也更有效，可以让消费者直观地感受到汾酒就是清香型白酒。

“密码”三：品牌地位离不开产品地位的支撑。

确立汾酒为主推品牌的时候，汾酒旗下产品属于中低端产品，“老白汾”系列产品则属于中高端产品，这样的产品地位无法支撑汾酒品牌长远发展。要实现汾酒作为主推品牌的发展目标，就必须对汾酒系列产品持续升级，使其进入中高端产品序列，原来的“老白汾”系列产品则调整为中低端产品。

“密码”四：健康的品牌秩序才能保障品牌长远发展。

2006 年以前，汾酒系列很多产品属于经销商买断产品，经销商自主运营使得消费者难以选择产品，消费者不知道哪款汾酒是真正的汾酒，汾酒到了必须重建品牌秩序的时候。汾酒集团必须收回产品买断权，只有让企业统一管理运营汾酒系列产品，才能把整合的资源向汾酒倾斜。企业收回汾酒产品的买断权，把运营商转换为区域代理商，重构品牌管理秩序。事实证明，这一决策是正确的，也是及时的。

（5）品牌重构实效

通过 2007—2008 年对品牌重构，汾酒的销售额突破 30 亿元，汾酒系列产品占比达到 70%，不仅成长为企业的主推品牌，还赶上了行业为期 6 年的黄金发展期，2012 年汾酒突破 100 亿元的销售规模，重回白酒第一阵营，而这也为汾酒续写“中国酒魂”的历史留下浓墨重彩的一笔。

（6）汾酒重回百亿元规模需重构五大核心要素

事实上，相比五粮液、洋河在行业发展黄金十年中的表现，汾酒属于“大器晚成”。因为汾酒在行业发展的黄金十年中真正开始冲刺是在 2006 年，而五粮液、洋河在 2003 年就开始发起冲刺。

我们回顾一下汾酒的发展历程。

2006 年以前，“杏花村”是汾酒集团的主推品牌。有关统计数据显示 2006 年汾酒集团的销售收入为 13 亿元，销售收入主要由“杏花村”贡献。当时汾酒集团面临两个问题：一是主导销量的是汾酒，而主推品牌是“杏花村”；二是产品多、乱、杂，没有战略品系，且绝大多数产品属于经销商定制的专营产品，企业无法主导市场。

2006 年，汾酒集团看到行业高速成长的战略机遇，同时也看到自身品牌和品系存在的问题，汾酒集团在战略上没有清晰地完成品牌定位。

我们经常说："发现问题的时候，实质上问题已经解决了 50%。"对于汾酒集团而言，发现问题就意味着可以解决问题，这就是汾酒决策班子的智慧和魄力。

2006 年 6 月，汾酒集团仅用了 100 天的时间就完成了品牌战略定位和产品体系整合。现在回过头来看，这些问题不值一提，但回到 10 年前，这两个问题的解决绝对是"壮士断腕式"的战略重构。

从品牌战略定位的角度来看，汾酒集团做出取舍，确立汾酒为主推品牌，同时汾酒延伸出战略品牌，或者说是战略品系——"老白汾"。以年份为核心要素，将"老白汾"定位为年份酒，推出战略品系，"老白汾"10 年、15 年、20 年、30 年、50 年。2010 年，又延伸出国藏汾酒。

只有汾酒人自己清楚，在汾酒主导销量，"杏花村"主导品牌的时候，做出取舍需要很大的魄力。因为"杏花村"是汾酒的品牌基因，或者说"杏花村"是消费者认知汾酒的基础。汾酒集团在做出以汾酒为主推品牌的品牌战略定位时，很多人认为应该主推"杏花村"，这种看法是基于消费者的认知，也是基于"牧童遥指杏花村"的历史文化积淀。

从产品的角度来看，产品多、乱、杂既是营销的问题，也是品牌错位导致的"并发症"。2006 年之前，"杏花村"一直是主推品牌，但"杏花村"品牌的系列产品是低端产品，又是经销商个性化专营产品。汾酒属于次品牌，但汾酒品牌下的“光玻汾”又主导着企业的销量。这种局面让企业决策者感到纠结，决策的难度很大。

汾酒集团决定将汾酒作为主推品牌是基于汾酒集团未来的战略发展目标。这种决策的智慧在于“行业预见力”，汾酒集团预先判断出未来消费的档次会提升，从战略的角度确定汾酒作为主推品牌，可以为汾酒集团未来的发展打下坚实的基础。

很多白酒企业应该学习汾酒集团的品牌战略决策思维，时至今日，还有很多白酒企业存在品牌战略定位不清晰的情况。

我们一直认为品牌战略决策的本质是给企业提供一个美好的未来。品牌战略决策不能局限于现实利益，单纯地依据现实情况做出决策，否则就会陷入“一叶障目”的误区，让企业丧失未来发展的机会。

汾酒集团以“壮士断腕”般的魄力清理定制开发产品，忍受暂时性的销量下滑。汾酒集团经受住了企业发展过程中的阵痛，毅然用短期利益换取企业未来的良性发展。

任何企业的发展都不是一帆风顺的，汾酒集团品牌重构之后，经历了几个阶段：

2012 年汾酒销售额突破百亿元，当年实现了 112 亿元的营业收入。

2013 年中国白酒行业进入“寒冬”，白酒企业的营业收入呈现出“断崖式”下跌的状态。

2015 年，汾酒的营业收入从 2012 年的 112 亿元跌至不足 60 亿元。

汾酒如何重回百亿阵营？

我们给出的意见是 2015 年“谋”，2016 年“动”，2017 年“冲”。

我们判断2017年是中国白酒行业的分水岭，接下来白酒行业的发展将迎来“马太效应”。

汾酒重回百亿阵营，必须抓根固本。具体来说，汾酒品牌重构有以下几个核心要素：

核心要素一：培育消费基础，扩大消费群体。

汾酒集团门口有“清香天下”四个醒目的大字，我们认为这是汾酒战略的直接体现，也是历代汾酒人的梦想。大家知道，二十世纪八十年代以前，清香型白酒一直占据主导地位，当时清香型白酒占据75%以上的市场份额；二十世纪九十年代后期，以四川酒为代表的浓香型白酒崛起，一路攻城略地，浓香型白酒逐步取代清香型白酒的地位。当时，清香型白酒在整个白酒行业中所占的市场份额为10%。

“清香天下”既是汾酒的永久性战略基因，也是汾酒重回百亿阵营的路径。

在汾酒实现百亿梦想之前的几年间，汾酒的主体市场仍然在“京津冀”，而绝大多数市场份额仍然在山西省。究其原因，无非是大多数人认为清香型白酒的消费带就在“京津冀”，最多加上内蒙古自治区，这种认识是汾酒退出百亿阵营的根源，汾酒只有改变这种带有局限性的认识，才能以“清香天下”为战略目标，实现汾酒“骨子里的中国”的百亿梦想。

我们对清香型白酒做了消费者专项研究，清香型白酒具有香气淡雅、入口柔和的独特品质，深受消费者喜爱，但是由于绝大多数消费者习惯了浓香型白酒带来的刺激感，长期饮用浓香型白酒或酱香型白酒的消费者觉得喝清香型白酒不过瘾。第一次喝清香型白酒的消费者会感觉味道有点怪，这是因为消费者很少喝清香型白酒，不习惯清香型白酒的味道，而汾酒发展的机会恰恰在此处。大家都听说过卖鞋的故事，不穿鞋，既能说明市场小，又能说明市场空间无限大。作为时尚清香型白酒的新锐品牌，江小白也用事实证明了清香型白酒的消费者培养效果十分明显。

我们经常以宝丰酒所在地的河南省平顶山市的香型口感转换作为事例，给大家讲清香型白酒的消费者培养。宝丰酒经历了两次大的变革，一次是在 2001 年左右，健力宝集团收购宝丰酒之前，宝丰酒是中国清香型白酒的代表之一，当地市场也主推宝丰酒，绝大多数消费者喝的都是清香型宝丰酒。之后，健力宝集团收购了宝丰酒厂，这时候，有很多浓香型白酒企业进驻平顶山白酒市场。2001—2005 年，平顶山市的绝大多数消费者开始喝浓香型白酒。2006 年，平顶山市的一家建材企业——洁石集团重新收购宝丰酒厂，从 2006 年起，逐步全面生产清香型白酒。发展最好的时候，宝丰酒赶走了浓香型竞品，又以清香型白酒占据了本地市场绝大多数的市场份额。

任何一家企业崛起，都会完成“消费者培养”这项工作。我们做了专项研究，结果表明清香型白酒的消费者非常容易培养，清香型白酒的消费者绝大多数是“80 后”“90 后”，消费群体呈现年轻化的趋势。

我们还对清香型白酒的消费者做了专项研究，持续消费清香型白酒的消费者对清香型白酒有着很高的依赖度，很难转换成浓香型或酱香型消费群体。而持续消费浓香型白酒的消费者只要持续消费一段时间清香型白酒，就很容易接受清香型白酒。

因此，我们认为汾酒败出百亿阵营是因为他们对消费群体的培养不到位，没有足够的消费基础作为支撑，只是在局部市场实现百亿规模的营业收入，一旦市场出现波动，业绩很难保持稳定。汾酒重回百亿阵营面临的首要任务是培养消费基础，扩大消费群体，从根本上解决问题。进一步说，汾酒未来需要布局更多市场，不是基于眼前的销量提升，而是基于消费基础的培养。

核心要素二：提升消费者品牌价值获得感。

众所周知，汾酒的品牌和文化底蕴不弱于茅台、五粮液。汾酒作为老牌名酒，有着很深的品牌和文化底蕴，但是汾酒未来发展需要以品牌和文化积淀为起点，从消费行为出发，提升消费者的消费荣耀感。茅台以国酒为品牌诉求，给消费者带来“身份感”。汾酒需要从品牌价值的角度，以稀缺为基准，塑造汾酒的消费荣耀感。

同时，在未来的提升中，将国藏汾酒纳入战略品系，以“中国酒魂”为核心元素，融入消费者场景，让消费者有更多的品牌价值获得感，是提升汾酒品牌价值的必由之路。

我们一致认为品牌价值的本质是消费“获得感”。品牌价值提升是以产品为依托，没有产品价值获得感，品牌价值获得感就无从谈起，这也是我们提到国藏汾酒的原因。

核心要素三：提高绩效体系市场化程度。

2012 年，白酒行业迎来调整期，也就是行业进入挤压式的缓慢增长期。汾酒集团采取很多措施来应对这种变化，比如打破封闭式的团队管理模式，高薪聘用营销精英，扩大市场版图，寻找新的利润增长点。

现在回过头来看，这些均没有取得突破性进展。我们经过研究，得出结论：相比茅台、洋河、古井，汾酒在绩效体系的市场化程度上提高得不够，导致团队的活力和竞争力不足。

值得庆幸的是，汾酒是国有上市白酒企业中第一个公开签订“责任状”的企业，这也意味着汾酒的决策团队拥有更多的市场化决策权力，这一点恰恰是汾酒释放活力和竞争力的根本保障。

汾酒重回百亿阵营，要以绩效体系为切入口，建立新的人才机制，引进更多人才。同时，通过新的绩效考核体系激发现有团队的活力和竞争力，充分调动员工的积极性和主动性。

核心要素四：发力“竹叶青”。

2006 年以前，汾酒集团一直是“杏花村”和汾酒品牌并举，“竹叶青”基本处于边缘状态。随着“50 后”“60 后”这些过去的白酒消费主流群体退出白酒主流消费圈，成为健康养生酒的核心消费群体，汾酒集团的“竹叶青”迎来发展机遇，到了要从战略高度持续发力的时候。

“竹叶青”作为健康养生酒，有着非常好的消费基础，符合未来消费的大趋势。“竹叶青”能否成为汾酒未来最大的增长点，关键在于用什么样的思维和眼光看待“竹叶青”。

我们认为“竹叶青”具备从战略的角度支撑汾酒成长的特点，而“竹叶青”也会成为汾酒较为重要的一个经营单元。之前“竹叶青”一直没有较好的表现，主要是缺少对运营机制、资源配置的系统重构。

汾酒要实现重回百亿阵营的梦想，就需要从运营机制、资源配置方面给“竹叶青”提供战略机会，为“竹叶青”导入更大的市场化机制，让“竹叶青”成为独立运营的经营单元。只有这样，才能将“竹叶青”井喷的市场需求变为汾酒业绩增长的重要力量。在消费升级的大背景下，我们有足够的理由相信“竹叶青”会成为数十亿级的品牌。

核心要素五：建立梯队式市场战略，采用“围点打圆”的市场运作策略。

在讲汾酒的消费基础的时候，我们也提到汾酒的市场版图，大多数人认为汾酒的市场主要集中在“京津冀”，“京津冀”是中国白酒的清香带。这种认识是一种缺少市场远见的表现。

尽管清香型白酒所占的市场份额比较少，甚至表现出局部消费需求集中的现象，但是任何事物都有一个发展的过程。正如可口可乐进驻中国的时候不被消费者认可，可口可乐就持续培养消费者群体。

供给决定需求，这是著名的经济学原理。供给决定需求的基础就是消费者的引导和培养。如果汾酒重回百亿阵营，即使立足原有的主要市场，也能偏安一隅，但是要想从根本上实现汾酒“清香天下”的梦想，就必须建立梯队式市场战略。

梯队式市场战略要求汾酒根据未来行业的发展趋势，重构市场版图，对全国的市场进行阶梯式分类，然后根据不同的市场梯次实施相应的策略，配置不同的资源。这种策略也迎合了未来白酒拔钉子般的市场竞争态势，汾酒借势树立“以市场养市场”的市场竞争战略，打造持续性的市场成长通道。

基于清香型白酒的市场份额和消费特点，我们提出汾酒“围点打圆”的市场运作策略。在白酒行业的“马太效应”作用下，不可否认，竞争会更加残酷，白酒企业未来面临的竞争压力更大。汾酒集团应该依据竞争特点和自身的实际情况，在市场策略方面聚焦资源，让资源聚焦一点，然后以点为圆心“画圆”，确定市场范围，让市场半径成为资源配置的杠杆。

三、市场重构

企业进行战略重构、品牌重构之后，接下来要进行市场重构。

1. 规模竞争时代到来

众所周知，在互联网电商的冲击下，传统经销商的日子越来越难过，很多传统经销商选择转行。在做经销商专题研究的时候，我们和一位传统经销商沟通，在沟通的过程中有了新的发现：经销商规模竞争的时代已经到来，企业要形成规模优势，就必须打破单一品类，成为多品类经销商。

这位经销商当时正在召开分销商、批零商年度工作会议，他请我们给分销商和批零商培训，时间定在第二天上午 8：30。

第二天早上，我们来到会议室，发现很多人已经到场，在会议室门口，这位经销商正在训斥几个人，他说："不是要求提前 15 分钟到现场吗？你们这么懒散，能把活干好吗？别开会了，自己回家反省。"被训斥的几个人低着头，一言不发。

会议结束后，我对这位经销商说："会议组织得这么好是您管理有方，尤其是会议开场前，您对员工的教导体现了领导魄力。"这位经销商说："我训的不是自己的员工，而是下线渠道商。"我问："下线渠道商也能训？一般的经销商不敢这样做。"

接下来这位经销商的一番话让我们恍然大悟。这位经销商说："我的公司规模大、品类多，下线渠道商靠卖我的产品获取利润，所以他们很听话。如果他们不听话，我就会停止供货，下线渠道商的生意就很难做下去。"

过去，在市场总量增长的大背景下，中国商业流通领域以品类为依托形成了不同的商业群体，比如酒商、茶商、休闲食品商、调味品商等品类经销商。在市场总量缓慢增长的背景下，商业流通领域的产业集中度迅速提高，规模竞争成为当下甚至未来很长一段时间内的竞争态势。我们前几年就依据市场的发展趋势断言：对于食品经销商而言，没有规模就没有未来。

事实上，规模竞争意味着成本竞争，没有规模优势，就没有成本优势。如果经销商没有规模优势，相对于上游而言，会丧失采购优势；相对于下游而言，会丧失渠道控制力。我们进一步思考，当单一品类规模增长遭遇瓶颈之后，在绝对值一定的前提下，企业如何形成规模优势？显而易见，就是打破品类之间的界限，成为多品类经销商，即成为综合型经销商。只有这样，企业才能打破规模增长的天花板。也就是说，在需求旺盛、品类爆发式增长阶段，聚焦品类成为品类经销商的最佳选择。

试想一下，当品类规模不再增长，或者是现有品类出现大量的替代品，企业如何实现规模增长？

企业不外乎从两个方面着手：一方面提高品类价值，即品类升级；另一方面增加新品类，满足新的消费需求。

2. 终端渠道重构的“五化”

终端渠道重构呈现出五种趋势，我们把这五种趋势称为“五化”。

趋势一：场景化，即终端渠道场景化。

终端经销商的商号价值化是未来终端发展的明显趋势。过去终端渠道作为连接消费者的“出水口”，承担的是消费变现的职能，也就是交易职能的最后一个关口。那个时代，提倡“渠道为王，终端制胜”，终端成为企业争夺的焦点。

随着企业的“2C”战略推进，终端开始逐步弱化，在“电商+物流商”时代，终端作为“出水口”的职能发生蜕变，终端开始强调服务化。未来，终端经销商如果想获得利润，就必须成为上游渠道商的“服务商”，根据上游渠道商的要求，逐步围绕顾客建立商品交付的场景化。

企业之所以重视终端建设，主要是因为终端对商品的展示和推广价值。终端纯粹的交易职能完全可以被“智能售卖机”取代，而终端对商品的展示和推广无法取代，也就是场景化无法取代。同时，终端为消费者提供的体验职能会进一步强化，而终端场景化职能的价值会进一步重构。

终端场景化是市场发展的必然趋势。

未来很长一段时间，市场都会处在“总量过剩，个性（结构）不足”的供需环境中，在这种供大于求的市场环境下，消费主权会进一步得到提升，在“得顾客者得市场”的大背景下，企业会进一步依托渠道资源拼抢顾客，并且用心维护，而企业采用的核心手段就是实现终端渠道场景化，以场景化为消费者提供体验平台。正因为如此，我们说终端渠道场景化是终端价值进化的体现。

趋势二：两极化，终端大小两极分化。

二元化是事物发展的普遍规律。从二元化的角度看，未来终端会出现两大趋势：

一是服务型终端袖珍化。现实中，“胶囊型”终端占比逐年提升，天猫甚至开始实施天猫小店战略，这种袖珍化的小店主要是服务型终端，这种终端不再单纯卖货，而是上游商品和服务的交付端口，袖珍化终端从集约化的角度做到低成本、高流量。

服务型终端袖珍化有利于改变一般终端高成本、低效率的情况。服务型终端袖珍化是由其服务职能决定的，服务型终端不需要提供更多的场景化体验方式，只需要提供更加便利的服务，提高顾客的购物效率。

二是货仓式终端。卖场化的终端是过去商业时代的主流，而提供一站式服务的终端，也就是货仓式终端会逐步兴起。货仓式终端以其品牌化体系，为顾客提供更放心、价值更高的商品，会逐步取代卖场化的终端。这是由于生活节奏加快，顾客需要提高购物效率，快速识别自己需要的商品。

同时，货仓式终端因为属于新型商业业态，所以会提供更多的服务职能。

这里，以金辉名酒货仓为例加以说明。

金辉名酒货仓是近年来崛起的一家货仓式终端零售企业，相比于“1919”和“酒便利”这种类型的袖珍小店，金辉名酒货仓算是庞然大物。

2013 年，在白酒企业营业收入“断崖”式下跌的大背景下，金辉名酒货仓却一路高歌猛进，从最初 2000 多万元的营业额发展到营业额突破 7 亿元，这是商业业态升级的结果。金辉名酒货仓通过重构货仓式终端的商业模式，为公众免费提供服务，雨天免费送伞，夏季免费提供矿泉水，仅 2017 年就免费提供矿泉水 100 万瓶，冬季免费提供热茶、热咖啡，免费提供休闲场所，还免费开放厕所供公众使用。

趋势三：智能化，即终端智能数字化。

数字化终端是终端渠道未来呈现的典型特征。现在，能够实现数字化的终端包括收银系统，比如自助智能售货机。未来，随着移动互联网的进一步发展，手持终端系统普及，顾客完全可以根据自己的需求，实现购物全程智能化。

数字化还体现在物联网系统升级，随着物联网的发展，数字化物联网技术进一步融合，消费者购物会更加放心。当前，顾客终端购物的最大问题是顾客对商品的真伪、价格不放心，总担心自己购买的是假冒伪劣商品，或者是商品价格虚高。

未来，通过数字化终端建设，不仅可以提高顾客购买商品的效率，还可以消除顾客的顾虑。数字化终端能够做到商品的“客观、公正”，同时数字化终端避免了人为的“主观推销”，让顾客完全自主选择商品。

趋势四：集成化，即终端采购集成化。

当前的终端单店孤立存在，呈现出碎片化的特征，而终端集成化是指终端业态生态化，也就是终端在连锁经营的基础上，会与供应系统、顾客系统形成整体的系统集成。

未来，会出现两种基于终端的集成经销商。

一种是基于供应系统的集成经销商，其采用统仓统配模式。现在，绝大多数终端渠道采用“自采 + 配送”模式，这种方式使得终端渠道的采购系统无法实现效率最大化，同时零散的采购也不利于采购价值最大化。

供应系统集成化可以降低终端渠道商品的采购成本，提升品质，这是有利于顾客价值的商业进步，而商业进步的典型标志就是集成化带来的集约化，顾客价值得以提升。

另一种是基于售卖系统的集成经销商。从现在看，终端店的售卖设备会实现系统升级，终端店的售卖系统会向集成化发展，而集成化的典型标志就是构建供应链生态战略。

2016 年，我们为国内一家领导型调味品企业（以下简称 JL 企业）提供咨询服务，该企业是上市公司，经营规模 90 多亿元。

根据企业重构增量系统的战略需求，企业让我们协助完成基于餐饮后厨的“统采统配”业务，也就是构建餐饮后厨的产品供应链战略。

经过 3 个多月的市场研究，我们给企业设计了“三步走”的重构战略。

第一步，通过金融链撬动供应链。为餐饮后厨采购提供现金支持，前提是采购 JL 企业的产品，按照 1∶2 的额度给予现金支持，也就是采购 100 万元 JL 企业的后厨产品，包括调味品、米面粮油、冻肉、蔬菜等，JL 企业为这家餐饮企业提供 200 万元的现金支持，JL 企业提供支持的时间是一年。

这种做法很快被众多大型餐饮企业接受，原因是这些大型餐饮企业能够获得无息的现金流，解决了餐饮企业扩张造成的现金紧张的问题。

第二步，供应链撬动金融链。随着 JL 企业采购规模爆发式增长，第一年的采购规模已经突破 19 亿元，很多餐饮后厨的供应商选择与 JL 企业合作，成为 JL 企业的供应商。

JL 企业和供应商签订了供货合同，账期 60 天。仅仅两个月，供应商就为 JL 企业提供了 3.7 亿元的现金流，基本接近 JL 企业为餐饮后厨提供现金支持的 80%。

截至 2018 年 4 月底，采购规模 12 亿元，单月采购规模 3 亿元，供应商提供了 6 亿元的账期，JL 企业基本解决了金融链的问题，实现了无现金投入运营，2018 年 1 月—4 月的净利润接近 2000 万元。

第三步，重构共融共生共享的生态体系。成立金融资本、生产企业、商业企业及餐饮企业的联盟体，改变交易行为，相互参股，实现价值最大化。

JL 企业作为上市公司，利用资本市场的资源，为餐饮后厨供应链公司提供资源支持。观峰咨询公司在此基础上针对 4 个行业的企业成立平台公司，完成 4 家企业的参股联营，重构了它们之间的战略体系，实现了一体化经营。

趋势五：社区化，终端进入社区化时代。

现在有一个流行词是“社群”，从严格意义上说，用“社群”这个词来描述具有共同性和认同感的社会关系是不准确的，因为这不符合人类社会的发展规律，准确地说，应该用“社区”一词。

“社区”这个概念是德国社会学家滕尼斯于 1887 年出版的《Gemeinschaft und Gesellschaft》（《社区与社会》）一书中提出的，专指那种具有共同性和认同感的社会关系，这一概念的提出对后来欧洲社会社区的研究产生很大影响。

从原始社会的部落发展到村落，再到现在的城市社区，说明人类需要群居生活。群居生活的本质是相互信任、守望相助。现在的社区商务过于商业化，带有功利性，导致大家的信任基础不牢固，因为没有共同的价值观指引人们的行为，所以出现了一些损害他人利益的事件，导致大家对社群产生抵触情绪。社群的商业属性让人们对社区的真正含义和价值产生误解。

2016 年，在我们小区附近的一个商场里有一家商铺，顾客可以免费借阅儿童绘本，但是要交押金。这家店的生意很好，借阅儿童绘本的人经常排长队。

后来，店主向大家推销儿童玩具、儿童服装、儿童食品，以及年轻妈妈用的化妆品、服装、电子产品。

我觉得这是一种很好的商业推销模式，但是这家店没过多久就倒闭了，原因是顾客看破店主所用的套路，就是以免费借阅儿童绘本为抓手，做顾客引流，然后通过售卖其他产品盈利。

这件事情给我们的启发是商家可以通过提供免费服务进行客

户引流，但是商家如果不能持续升级免费服务的内容，不能留住客户，生意再好，也是昙花一现。

最近，我们发现小区物业开始“跨界打劫”小区附近的便利店。小区物业为了方便与业主沟通，建立业主群。他们在业主群里发现了商机，开始进行集成化采购，向业主们推销鸡蛋、水果、米面粮油，围绕业主们的日常生活，重构社区商务的商业模式。一时间，小区附近的便利店纷纷关门。

所以，无论是终端还是厂商，都必须从经营渠道转变为经营顾客。从小米、西贝餐饮的成功案例中，我们深刻认识到现在是“得顾客者得市场”的时代。

3. 市场重构原理与策略

我们就市场重构原理与策略展开论述。

（1）概念说明

市场重构就是通过对企业消费群体的结构和区域市场地位的结构进行分析，重新界定企业目标消费群体的结构，进而调整企业市场地位的结构。

这里所说的市场指的是目标消费群体及目标消费群体所在的区域。企业的市场结构则是指企业覆盖的目标消费群体所在的区域形成的地位结构，也指企业的消费群体所形成的消费结构。

（2）效应遵循：地膜效应

人们在栽培油菜时会用地膜覆盖，以便取得良好的栽培效果。地膜的增温、保墒、保肥、抑草等功能，使油菜冬前生长旺盛，多长叶，年后多分枝，从而提高产量，为发展节水、旱作农业找到新途径。其效应主要表现在以下几个方面：

①增温调温，加快油菜的生育进程。

②保墒提墒，增强油菜的抗旱能力。

③保肥增肥，促进微生物活化，释放养分。

④抗寒防冻，有利于油菜安全越冬。

⑤抑草除草，减轻油菜田间草害。

遵循地膜效应：企业进行市场重构的时候需要重视企业领地市场“覆盖膜”的建立状况，针对领地市场的覆盖率，强化保护措施。

（3）重构原因

企业进行市场重构主要有以下几个方面的原因：

①外部政策环境的变化导致消费结构发生变化。比如城镇化发展促使农村消费升级。

②消费群体的变化导致消费需求出现变化。比如“85后”“90后”消费群体对白酒的品质、口感产生新的消费需求。随着人均收入提高，居民消费需求逐渐发生变化。

③竞争加剧导致企业原有的市场区域萎缩，甚至直接造成企业丧失部分市场。

④基于企业战略实施的需要，主动进行企业市场重构，打造企业在部分市场区域内的优势地位，或者是实现市场范围内的扩张。

（4）常见问题

企业市场重构主要存在以下几个方面的问题：

①企业普遍“撒网”，打“游击战”，无“根据地”市场，根基不牢固。

②企业建立局部“根据地”市场，却始终无法扩张市场区

域，不能成功开拓下一个“根据地”市场，原有的“根据地”市场成为企业的“山头”。

③企业依靠实力在省内市场基础上实施“全国化”战略，但省外市场不能有效成长，或者是市场销量停滞不前，部分省外市场成为“鸡肋”。

④在争夺地方市场的过程中，全国化的优势品牌与区域优势品牌相持不下，重点市场成为“烫手的山芋”。

（5）重构方法

企业进行市场重构可以采用以下几种方法：

①分析外部环境和消费需求的变化，锁定企业的目标消费群体。

②对企业现有品牌地位、市场份额、销售规模、平衡量率、市场结构、产品结构进行梳理，制定出对应的调整目标。

③把企业的市场范围按照空白市场、成长市场、强势市场、薄弱市场进行分类，把强势市场率先建立为“根据地”市场，再发展为市场领地。我们只把具有安全边界高度的市场区域称为企业市场领地。企业可以参照以下两个指标制定安全边界高度：

一是区域市场占有率（区域市场销售额与区域市场容量之间的比值），指企业在特定市场范围内实现20%以上的市场份额。

二是区域市场销量密度（区域市场销售额与区域市场目标消费群体数量的比值），指企业的销量密度达到主要竞争对手销量密度的平均值以上水平。

达到安全边界高度，相当于企业的区域市场占有率或区域市场销量密度达标，区域销量从量变到质变，产生了质的飞跃。

④企业拥有市场领地的建设能力后，再提升市场扩张的能力。所有企业都存在薄弱区域市场，企业要强化薄弱区域市场，

就必须研究如何向竞争对手的薄弱环节发起攻击。

⑤企业要先确保省级市场领地的建设投入，其后才是全国化市场的拓展，坚决放弃外围“鸡肋”市场。企业建立省级市场领地后，要进行外围市场的扩张，企业可以选择竞争对手的薄弱区域市场进行小范围的市场领地建设。

⑥全国化的优势品牌在地方市场争夺战中需要调整的是平衡量率，即提高自身平衡量率，逼迫竞争对手将平衡量率提高到100%以上，进而让竞争对手无力反抗。

⑦实力雄厚的企业采用资本手段攻击竞争对手的企业总部，通过占领竞争对手的企业总部来完成对竞争对手市场的占领任务。

4. 实现“根据地”市场战略需要过四关

企业实现“根据地”市场战略需要过以下四道关卡：

第一关：从“游击”营销转变为“根据地”营销。

企业初创时期往往四处铺货，以此打开销路，提高销量，我们把这种广种薄收、遍地“撒网”的做法比喻为“狗熊掰棒子”。

“游击”品牌要过的第一关就是必须从营销的“游击”状态转变为开辟自己的“根据地”市场。企业要将自己的“根据地”市场做透，提高产品销量，提升产品地位，增强品牌影响力，只有这样企业才能从“游击”品牌成长为区域内的强势品牌。

但是，“游击”品牌往往认为市场越少越不安全，因此在做过第一轮铺货和促销推广后就急于开辟新的市场，企业的这种做法是一种缺乏远见的行为，如果企业不能建立自己的“根据地”市场，企业的根基不稳，在市场竞争中就会处于劣势，随时面临被市场淘汰的风险。

我们如何判断一个市场是否是“根据地”市场？我认为“根据地”市场有以下四个标准：

①品牌成为区域市场内同类产品中的领导品牌。

②在市场同类产品中销量排名第一位或第二位。

③目标渠道覆盖率在90%以上。

④有一个主导市场和主导产品。

企业必须按照以下步骤建立“根据地”市场：

①企业或经销商直控城区销售终端。

②打造密集的销售网点。

③不断强化销售网络中的薄弱点。

④及时解决销售网络中存在的问题。

⑤主力品种一年导入一个新品种，以便满足消费者多样化的消费需求。

⑥打造辅助品种，提高安全边际高度，时刻准备应对竞品的冲击。

⑦战略上忽略窜货问题，战术上要有效控制经销商，尽可能解决市场窜货问题。

⑧持续进行业务队伍素质和能力的强化训练，淘汰不合格的业务人员，保持业务团队的活力和战斗力。

第二关：从“热点市场”转变为“热区市场”。

单一产品爆发式营销固然可以让企业迅速建立销售网点，但是企业必须具备市场经营能力，才能长期稳定地占领市场。企业要通过发展“根据地”市场，把小区域“热点市场”做成大区域“热区市场”。

简单来说，我们可以根据以下四个标准判断一家企业是否拥有“根据地”市场：

①品牌连续3年以上在区域市场内处于领导地位。

②销量连续3年以上在区域市场中处于第一名或第二名的位置。

③目标渠道见货率保持在90%以上。

④拥有不同产品线所形成的合理的产品结构，其中至少有一条产品线是主导市场和上量的产品线。

企业要长期在市场竞争中占据优势地位，就必须做好以下两个方面的工作：

①品牌规划和提升。热点市场中的企业一般不具备品牌规划、活化和提升的能力。这些企业一旦掌握在成熟市场中构建品牌“青春化”的方法，就会迅速发展壮大。品牌实现“青春化”需要满足两个条件：一是品牌至少拥有一个主力产品，并在主力产品的市场进入成熟期时，开始培育新品，使其能够在一年之内成为新的主力产品；二是要不断丰富品牌内涵，提升品牌形象。

黑龙江双城酒厂几年前还是一家名不见经传的企业，其品牌规划和提升的能力比较弱，企业曾经先后推广“龙江屯”“虎妞”等品牌，这些品牌的市场存活期都不超过两年。2002年，企业推出“老村长”品牌，采用明星代言、广告运作、宣传东北民俗文化等方式进行品牌活化，提升品牌影响力。随着主力产品有节奏地开发和推广，2004年，“老村长”品牌打造了天津、河北的“热区市场”，并对山东、江苏、河南、安徽形成强有力的辐射和带动作用。

②产品结构优化。产品结构的生命周期决定市场的生命周期，不同产品线上产品的生命周期决定产品结构的生命周期。在

成熟的市场中，企业要保持旺盛的生命力，就需要开发新的产品线，形成合理的产品结构，每条产品线上要有节奏地开发新品。

企业推广新品的时候要让经销商有较大的盈利空间，以便解决产品的销路问题。企业只有通过不断推广新品，才能实现产品线和产品结构的不断优化。企业只有赢取阶段性的胜利，才能在市场中持续健康地发展。

第三关：从“热区市场”转变为战略性“根据地”。

如果一家企业已经建立“热区市场”，说明这家企业的决策者很有魄力。在“热区市场”转变为战略性“根据地”的过程中，企业的区域市场不断扩大，人员逐年增多，市场情况越来越复杂，企业决策者无法掌控每个独立的局部市场，企业要过第三关，关键在于转变管理方式。企业不再是决策者一个人说了算，而是要选出更多的管理人才，构建新型管理团队和执行团队，增强企业的竞争力。

此时，企业构建的团队应该包括弱势市场部、强势销售部，以及掌握营销模式并能够开发更多“热区市场”的区域经理。同时，工作流程和制度化建设不可或缺。

企业建设执行团队应该侧重建设区域主管队伍和经销商队伍。区域主管贴近市场，既是管理者，也是执行者，区域主管能否领会公司决策者对一个区域市场的操作思路，是否具有执行力，这些因素将直接影响区域策略执行的效果。经销商与企业的联系最紧密，一个称职的经销商所起的作用远远大于业务员。如果说区域主管队伍是企业开拓大区市场的“左膀”，经销商队伍就是企业游走于大区市场的“右臂”，两者助力企业走向成功。

第四关：从“生存”转变为“长存”。

即使已经过了前面三关，企业仍然有可能被市场淘汰。企业只有具备长期的市场竞争优势，才能由“生存”转为“长存”。当一家企业具备长期的市场竞争优势，就可以做到以下几点：

①无论在哪个领域，企业都将迅速占领市场。

②企业可以实现对全域市场的“无缝隙覆盖”。

③企业可以发动实现产业集中的营销攻势。

一家企业顺利通过前面三关，走向全国市场，在过第四关的时候，企业曾经采用的营销模式有可能成为“成功陷阱”。此时，企业将面临如何构建全国市场营销模式的问题。

从战略性区域市场营销模式转变为全国性市场营销模式，从表面上看，企业的营销模式只是发生了形式上的变化，实质上是要求企业彻底转变营销模式。

当一个品牌从区域市场走向全国市场，就会面对更复杂的竞争格局，企业必须快速构建自身的核心竞争力，才能在激烈的市场竞争中站稳脚跟，这就要求企业彻底转变营销模式。

尽管各个品牌的营销模式不尽相同，但是他们构建全国市场的营销管理模式存在一些共同的特点。

企业面临的最大问题是如何选择适合自身的营销管理模式。企业是采用对以往大区营销模式进行改造后的“总部统管”模式，还是采用各大区实行“板块经营”的模式，抑或采用“总部统管”与“板块经营”相结合的模式?

“总部统管”模式就是全国市场仍由公司营销总部直接指挥，销售部门垂直管理各个区域内的销售人员，市场部门垂直管理各个区域内的市场策划和监管人员。这种模式的优点是可以继续发挥“集团军作战”的优势，便于以公司的整体战略和资源整合运作市场，缺点则是决策程序过长，企业总部管理人员会越来越官僚主义，导致企业对市场反应不灵敏，失去市场机会。

“板块经营”模式则是由大区营销管理部门或分公司直接负责该板块的部门整体营销运作，分别构建不同板块的营销模式，实质上是一种“化整为零”的模式，公司总部则围绕板块的运营进行营销服务和品牌管理。这种模式偏重发挥各“地方部队”适应地形灵活“作战”的优势，但是也有可能造成企业区域市场运作管理失控，区域市场运作的高度和力度不够，大区营销管理人员优柔寡断，导致企业不能在区域市场运作中取得战略上的成功。

“总部统管”与“板块经营”相结合的模式则是一部分企业根据自身所处的发展阶段、区域营销队伍的“作战”能力、营销总部的管理能力等实际情况，将“总部统管”与“板块经营”模式的优点进行结合后采用的一种全新的营销管理模式。

企业要根据自身的实际情况决定采用何种营销管理模式。对于企业决策者来说，在选择营销管理模式的时候要做到“两者相利取其重，两者相害取其轻”，找到适合自己的营销管理模式。

当企业创造出优秀的营销管理模式，就找到了摘取全国市场胜利果实的“长梯”。

5.【案例】快消品商贸流通企业迎来平台商时代

酒商“变体”是酒类行业与市场综合因素共同作用的结果，酒商只有不断地创新市场运作模式，才能实现持续发展。

任何一个事物的发展都必须借助外界的力量。酒商可以通过整合资源借助平台实现资源“嫁接”。

我们系统研究了 2012 年以来经销商的“变体”转型，一部分经销商在跨界资源整合方面采取行动，而且取得了不错的市场业绩。我们把经销商“变体”为平台商的几种模式总结如下：

模式一：传统资源平台。

一部分酒商和汽车销售商、汽车维修商、大宗电器销售商合作，通过异业联盟的形式实现资源整合。他们主要采用以下两种方式：

①整合汽车销售商、汽车维修商、大宗电器销售商的客户资源，优化顾客数据库，确定目标消费群体，然后赞助异业的相关活动，逐步将异业顾客析出，销售酒类产品。

②发起并主导资源型销售商的相关活动，给产品推广与营销制造机会。有一位白酒经销商联合汽车维修商发起“凉爽夏季关爱空调活动”，购买一定数量酒水的顾客可获得免费的空调保养与维修服务。

模式二：互联网平台。

互联网平台有以下两种类型：

①网上商城。一部分经销商选定售卖洗化产品、护肤美容产品的网上商城，将酒类产品“嫁接”到目标网上商城，然后借助网上商城实施产品推广与销售。

②非酒类的公众号。一部分酒类经销商通过与非酒类的公众号合作，将自己的产品植入该公众号，获取酒类产品的消费者。目前，大多数酒类经销商通过珠宝、建材、男装等非酒类企业的公众号向互联网平台“变体”。

模式三：相关产品平台。

一部分酒类经销商通过与茶产品经销商合作，借助酒和茶的消费群体高度一致的市场属性，实施跨界合作。也有一部分经销商和足疗店等服务机构合作，通过联合促销的方式，将足疗店的顾客转化为酒类产品的消费者或销售商，这就是我们的“商客”模式，即把资源类的合作伙伴转化为消费者或推广者。

在酒业总量过剩，企业规模呈现挤压式增长的大背景下，“得顾客者得市场”，经销商只有避开单纯的渠道拼抢，才能实现持续经营。

目前，一部分经销商在与平台商合作方面存在以下问题：

①酒类经销商和平台商合作是单纯的交易思维。酒类经销商与平台商合作，一定是基于顾客资源的培育与转化，不是直接卖酒。如果酒类经销商和平台商合作是单纯的交易思维，就会出现一锤子买卖的交易行为。这种行为只能简单地售卖产品，无法实现持续交易。这就是当前很多酒类经销商在与平台商合作方面浅尝辄止的根源。

转化平台合作商的顾客资源需要有一套系统的工作方案，并且有规划、有计划地开展工作。这种规划的核心是平台合作商的顾客资源优化、筛选，首批目标顾客的沟通与培育，顾客黏性的打造方案，顾客持续交易的内在动力。

我们以顾客持续交易的内在动力为例进行说明。

假如顾客在汽车维修店修车，与维修店老板的关系很好，在维修店老板的介绍下，酒类经销商只需要做好基本的销售工作就能实现第一次交易。但是，持续交易取决于酒类经销商能否打造顾客黏性。

怎样打造顾客黏性，转化顾客资源？酒类经销商要想将汽车维修店的顾客转化为自己产品的顾客，需要建立一套完整的顾客服务体系。

②缺少将“可能”变为“可控”的资源配置和运作体系。传统酒类经销商是按照渠道配置市场资源，没有按照顾客配置市场资源的经验。同时，经销商的营销团队也只有围绕传统渠道商拓展市场的经验，没有与平台合作商“嫁接”顾客资源的经验，导

致传统经销商认为平台合作商的消费资源很强大，但是无法成功销售酒类产品。

与平台合作商“嫁接”顾客资源，需要经销商改变传统的市场运作思维，围绕顾客制定一套完整的运作方案。否则，经销商很快会丧失信心，不再与平台商合作。

有一位与我们合作多年的酒类大商，年营业额5亿元，一线品牌名酒占总营业额的50%，而这50%恰恰是采用传统团购模式带来的营业额。2012年，我们提出传统团购需要转变为社会化、市场化的团购，这样才能化解即将到来的危机。

我们与酒类大商沟通后展开市场调研，制定了传统团购危机转化的详细实施方案。其中，与资源型平台商合作是主要措施之一。

我们从两个资源平台商入手：一个是汽车、大宗电器类的平台商；另一个是茶叶类的平台商。

我们采取以下三个步骤：

第一步是对平台合作商的顾客资源进行优化，认真分析每一位顾客的消费定位。

第二步是锁定第一批核心顾客，与平台合作商共同发起活动，将产品植入活动，实现与顾客的初次接触，同时建立沟通体系。

第三步是邀约核心客户，单独组织与酒类相关的活动，比如品鉴会、厂家考察等活动。

经过近5年的持续运作，该经销商不仅成功化解了危机，还实现了营业收入增长。该经销商2020年的营业额突破10亿元，实现翻倍增长，这在酒业低速增长期内是很少见的。

③缺少持续的前置投入。这是传统酒商与平台商合作失败的

主要原因。传统酒商选择平台合作商的时候，像开发渠道商一样与平台商合作。在这种情况下双方很难合作成功，因为平台商的资源再好，也是他的经营资源，在没有转化之前，对酒商来说没有任何价值。

由于平台合作商有自己的主导业务，如果酒商不能在前期运作阶段主导工作并主导投入，和平台商合作一定会无疾而终。正如钓鱼一样，如果没有经过“喂窝子”这道工序，直接钓鱼，除非鱼特别多，特别饿，否则很难钓到鱼。

因此，持续的前置投入是酒商与平台商合作成功的前提。

④分配机制不健全。只有和平台商建立长效的利益分配机制，才能保证合作长久。

现实中，很多酒商没有处理好两个问题：一是没有迅速转化资源，前期对平台合作商过分依赖，导致合作搁浅；二是前期是顾客的培育期，由于投入不够或方法不得当，导致平台商失去合作意愿，最后无奈分手。

我们的专项研究表明酒商必须在合作的第一阶段主导投入，树立“舍得”的合作意识。比如在没有将资源转化为营业额之前，酒商要投入一定的费用，作为对平台合作商的鼓励，将平台合作商团队的积极性和主动性调动起来，促成合作。

针对趋势和现实运作中存在的问题，我们认为，未来酒商与平台商合作需要从以下几个方面取得突破：

①转变经营观念。传统酒商的经营观念是“兔子鹰式”思维，即不见兔子不撒鹰。这种交易式的思维导致短期行为，甚至是保守经营的行为。

未来，酒商面对不可改变的经营趋势，必须树立“孩子狼式”思维，即舍不得孩子，套不住狼。酒商如果抱着传统的经营观念，停留在传统的市场运作思路上，还是“个体户”思维，不能在资源方面实现整合，促成合作，就会被市场淘汰。

②创新市场运作方式。酒商习惯和渠道商做生意，和顾客打交道是酒商的短板。

事实证明，互联网时代是“得顾客者得市场”的时代，酒商必须深入学习顾客数据库营销方式，制定围绕顾客经营的市场运作体系。

我们的研究也表明酒商面对渠道的碎片化、行业的低增长、竞争同质化与恶化，确实感受到了压力。但面对创新，酒商还是缺乏勇气，缺少试错的心态。经销商抱着传统的市场运作思维就是在等死，学会合作不仅是出路，更是活路。

③建立与平台商合作的系统规划，尤其是计划和预算体系。我们与酒商沟通时，酒商谈到与平台商合作的过程，绝大多数酒商与平台商合作最后都是无疾而终，他们不知道问题出在哪里。

在和酒商沟通的过程中，酒商说的两句话让我们印象深刻，一句是：“刚开始很好，后来不行了。”另一句是：“平台合作商的资源很好，但是投入资金太大，卖的酒太少。”

其实，这两句话为我们找到深层次的原因提供了很大帮助。我们进一步深入调研，发现与平台商合作失败的根源是酒商没有进行系统规划。

“刚开始很好，后来不行了。”为什么“刚开始很好”？刚开始的时候，大家都比较重视合作，又充满激情。平台合作商的第一批顾客资源很容易转化，但是深层次挖掘第二批、第三批顾客资源就难多了。同时，没有系统的规划，没有持续地与顾客建立黏性，也是“后来不行了”的原因。

“平台合作商的资源很好。”这是我们听到最多的一句话，说明资源型的平台商与酒商具有合作的空间和价值。“投入太大，卖的酒太少。”这句话说明酒商缺少持续的投入，也说明平台合作商的资源转化需要一个过程。

当前，酒商与平台商的合作呈现出冰火两重天的现象，极少数酒商积累了一套合作模式，企业得到长足发展，大多数酒商陷入经营困境。

关于酒商与平台商合作，我们最想跟酒商说的一句话是：“只要方向是对的，就不要问路有多远。”

四、产品重构

企业产品重构需要忘掉“卖点”找“买点”。

1. 产品重构原理与策略

我们就企业产品重构原理与策略展开论述。

（1）概念说明

产品重构就是根据外部环境及消费需求的变化审视企业现有的产品结构，结合产品生命周期管理要求对企业的老产品进行分类，确立产品淘汰计划和新品开发计划，持续培育大单品数量，促进大单品增长，从而构建新的产品线组合。

（2）效应遵循：雁阵效应

大雁在天空中飞翔，一般都是排成人字阵或一字斜阵，并定时交换左右位置。生物学家经过研究得出结论：雁群这一飞行阵势是它们飞得最快、最省力的方式，在飞行的过程中，后面一只大雁能够借助前面一只大雁扇动羽翼所产生的空气动力，使飞行省力。一段时间后，它们交换左右位置，目的是使另一侧的羽翼也能借助空气动力缓解疲劳。

企业需要重构“产品雁阵”，注重“头雁”产品的打造，也要注重“雁阵”内产品位置的变化。

（3）重构原因

企业产品重构有以下几个方面的原因：

①外部环境发生变化。

②消费需求发生变化。

③企业产品销量呈现持续萎缩的状态。

④企业基于品牌重构或市场重构的发展需要，进行产品重构。

（4）常见问题

企业产品重构主要面临以下几个常见问题：

①企业产品类似于灌木丛，缺乏“顶梁柱”，产品种类和数量多，但单一品种销量小，没有大单品。

②企业销量过于依赖大单品，随着时间的推移，大单品也会出现产品老化、产品盈利能力下降的情况，产品销量也呈现出下滑趋势。

③企业在其主体区域市场上表现出产品“生育症”。也就是说，在消费需求和市场竞争环境发生变化时，企业及区域市场不能有效完成主导产品的更新换代。一方面是“生”的功能欠缺，企业及区域市场缺乏产品开发所需的策划技术和研发技术，导致新品开发缺乏准确的定位，产品竞争力先天不足；另一方面是“育”的功能不足，企业及区域市场缺乏新品推广能力，新品还没有摆在终端，企业及区域营销队伍就将新品扼杀在摇篮里。

④企业大单品成功面世后，竞争对手跟进开发，参与市场竞

争，导致大单品市场生存压力加大。

⑤企业培育出一个大单品后，难以培育第二个大单品。

企业产品价格体系透明，经销商利润小，销售动力不足。

（5）重构方法

企业产品重构可以采用以下方法：

①推行大单品战略，集中优势资源把大单品培育成声誉产品。

②在大单品遭遇竞品跟进开发的时候，确保在优势市场建立大单品的安全边界高度。其提升与巩固的标准可分为相对标准与绝对标准。相对标准是拉开与第二名的规模距离，即至少是第二名的 2 倍以上。绝对标准是这个大单品所处品类市场容量的 20% 以上。无论是相对标准还是绝对标准，其要求是成为大单品对应品类中销售额最大的单品，取得垄断地位。

③按照品类战略开发产品，沿着品类的发展趋势，立足亚品类开发大单品。

④要站在消费者的角度思考如何进行产品开发，设计产品概念。产品概念是顾客脑中形成的关于产品的一种主观看法，企业需要使用消费者易于接受的语言来介绍产品，让消费者能一目了然地识别出新品的特征。

⑤产品不仅包括有形的物质实体，还包括无形的服务。产品创新要从核心产品、形式产品、外延产品这几个方面进行系统的创新。核心产品是指产品能给顾客提供的基本效用；形式产品是核心产品所展示的外部特征，主要包括款式、质量、品牌、包装等；外延产品是指顾客因购买产品所得到的全部附加服务与利益。

⑥针对一类产品制定合理有效的价格策略和价格体系，实现

成本、费用、通路利润、消费需求的有机统一。价格是消费者做出选择的主要决定因素，也是企业唯一能产生收入的因素，更是决定企业市场份额和盈利率的重要因素之一。价格策略就是根据目标消费者不同的支付能力和渠道运作需要，结合产品价值和成本情况进行定价，从而选择一种既能吸引顾客，满足通路费用需求，又能实现企业利润最大化的定价办法。

2. 走进顾客的生活方式

企业通过互联网获取顾客需求信息，从而改进工艺，开发新品。从产品概念的提出、产品定位、包装设计、生产方式到营销策略，都是以顾客为核心的驱动模式。

一家制作鱼缸的企业经营陷入困境，面临倒闭，我们为这家企业提供咨询服务。我们在市场调研中发现很多人不会养鱼，总是因为非常简单的问题导致鱼死亡。所以，顾客不敢养价格贵的鱼，有的人干脆不养鱼。

针对客户的痛点，我们为这家企业制定相应的营销策略：企业卖的不是鱼缸，而是让鱼长期健康生长的方法。只要顾客买鱼缸，企业就会为顾客配备养鱼顾问，从鱼的养殖方法、疾病防治等方面着手，构建系统化的服务体系。

企业通过这种营销方式不仅成功售卖鱼缸，更重要的是，通过整合资源，名贵鱼的销售及疾病防治成为这家企业的主营收入。

我们对鱼缸购买者进行二次细分，以社群营销的方式构建顾客的需求价值链，逐步完善网上商城的产品供应系统，不仅解决了鱼缸的销售问题，还构建了户外运动产品、越野爱好者产品等产品供给链。

企业如何走进顾客的生活方式，实现产品的成功重构？我们认为企业可以采用以下方式实现产品重构：

①通过“人以群分”的社会特征辨识顾客圈层，借助互联网技术，实施顾客需求研究与分析。

当年，保洁公司进驻中国市场，在企业发展初期，保洁公司并没有急于销售产品，而是用很长时间研究顾客需求，推出以去屑为主的第一代产品，然后才逐步推出黑发、润发等系列产品。当时研究顾客需求、建立顾客数据库的难度非常大，研究周期也长，保洁公司克服重重困难，成功完成任务。不畏困难，勇于创新是保洁公司的制胜法宝，支撑企业持续发展。

一家名为“吉姆兄弟”的服装定制企业主要从事衬衣产品的定制工作，创办不到3年，现在估值10亿美元。我们多次深入企业调研，在梳理企业发展历程的时候，我们发现企业在创业初期没有开发产品和软件，而是用一年多的时间采集顾客数据信息，建设顾客数据库。企业刚开始运营的时候，数据库里储存着2000多万人的身高、体重、年龄段信息，并且标有相应的衬衣型号。“吉姆兄弟”能够为顾客提供“1小时定制衬衣上门，同区域当天送到，全国3天之内送达”的服务，而且不需要顾客到现场量身定制衬衣，只需要顾客在PC端或手机端输入自己的相关信息数据。

②发现潜在的顾客需求。计划经济时代，顾客的需求是显性的，现代社会经济发达，在总量过剩的大背景下，顾客需求呈现出个性化、多样化的特征。

走进顾客的生活方式，就是要深入了解顾客在使用产品的过程中对于产品的满意度，而顾客不满意的地方就是企业产品改进和升级的方向。

乔布斯有句名言："用产品创造顾客'尖叫'。"我们深入苹果手机团队调研，经过研究，我们发现存在这种现象：作为电子产品，尤其是作为通信工具的手机，专业度比较高，顾客一般情况下是被动消费，这是因为顾客无法准确描述产品的功能缺陷。顾客如果对产品不满意，也不知道制造商是否可以解决问题。而苹果团队走进顾客的生活方式，倾听用户的意见，通过对用户的深入了解，实现产品让顾客"尖叫"。

很多传统企业只关注竞争对手的动向，不关注顾客需求，导致企业的运营陷入困境，苹果公司是值得我们尊敬的企业。因为苹果公司始终坚持面对顾客，很多传统企业则是背对顾客。

2012 年，我们和一家软件技术公司合作，开发一款用于产品推广的软件。从合作开始，双方用了半年多的时间相互磨合，这是因为我们之间存在严重的信息不对称问题。比如我们不知道软件是否具备这种功能，而技术人员非常清楚软件的功能，但不知道我们需要什么。在这种情况下，双方处于本位主义的状态，而各自的需求又是隐性的，不容易被发现。经过多次深入沟通，我们终于找到问题的症结所在，双方很快进入默契的合作阶段，产品很快被开发出来。

事实上，通过这件事情，我们明白了一个道理：如何实现与顾客的信息对称是产品开发成功的前提。而信息对称需要的是深入研究和及时沟通，要做到这一点，就必须走进顾客的生活，我们把这种模式定义为"李时珍模式"。

③依托领袖消费群的前瞻性消费，"智造"大众流行性消费需求。我们用了 20 年研究消费需求的更替特征和周期，发现消费需求更替是排浪式的。过去，我们说外国企业的今天就是中国企业的明天；现在，我们可以说领袖消费群今天的需求就是大众

消费群明天的需求。

一家具备前瞻性战略的企业一定是善于把握消费趋势的企业，而成功的企业产品开发又是基于未来趋势的产品开发，成功研发的产品一定不是跟风的产品，而是具有前瞻性的趋势产品。

3. 重构“爆品”的四大法则

在消费需求升级节奏加快，出现“总量过剩，个性（结构）不足”的大环境下，产品的生命周期缩短。在供不应求的市场背景下，一个产品的生命周期可以长达十几年，甚至更长。在供大于求的市场背景下，一个产品的生命周期只有两三年，甚至更短。这是市场发展的必然规律。

供大于求，消费需求升级节奏加快，生命周期缩短。一方面要求企业提升产品研发能力，促进产品更新换代；另一方面要求企业能够以“爆品”为产品战略，制定新品研发体系。

早在2012年我们就明确提出这样的观点：企业研发的新品要么是“爆品”，要么是废品。

企业重构“爆品”的四大法则如下：

法则一：成功“爆品”的基本逻辑就是走进顾客的生活方式。

在“总量过剩，个性（结构）不足”的市场供需环境下，同质化竞争成为企业竞争的焦点，也是绝大多数企业陷入经营困境的根本原因。

如何研发并成功推出一款让顾客“尖叫”的产品成为企业的战略命题。一款成功的“爆品”可以挽救一家濒临灭亡的企业，还可以成就企业，让企业走向辉煌。

光明乳业的风味发酵乳“莫斯利安”就是一款成功的“爆

品”，它让光明乳业从低谷重回巅峰。2008 年，中国乳制品企业遭遇“三聚氰胺”事件，国内消费者对国产奶制品，尤其是奶粉失去信心，转而购买进口奶粉。2009 年，光明乳业实施产品更新换代战略，以“长寿村”为基本研发点，以“风味发酵乳”为基准，成功推出“莫斯利安”这个产品，经过 3 年持续打造品牌，成功培育出乳制品行业的“爆品”，当前单品销售收入突破 70 亿元，包括伊利、蒙牛在内的乳制品领军企业随后跟进，开发相关产品。

烟草品牌红旗渠（原名帝豪）在售价 5 元的传统产品基础上，推出售价 10 元的新品，这款新品被烟民们戏称为“10 渠”，一度成为河南市场的“爆品”，占据绝对的市场份额。

法则二：消费需求的周期性节点。

消费需求具有清晰的周期性节点，这个节点包括两个核心要素：一个是需求升级中的品质提升；另一个是文化趋势流行的消费心理需求。“消费需求三年变化一次，五年一个周期”，说的就是消费需求具有清晰的周期性节点。

我们以光明乳业的“莫斯利安”为例，说明消费需求具有清晰的周期性节点。

“莫斯利安”这款产品之所以能够获得成功，就是抓住了消费需求的周期性节点。在“莫斯利安”之前，乳制品是以“蛋白营养”为核心诉求，正如蒙牛“每天一斤奶，强壮中国人”的诉求，以健康为基本依托的品质生活是当时乳制品的产业本质。

光明乳业发现了“营养过剩”的消费本质，这家企业抓住消费者的痛点，思考奶制品如何升级，才能满足顾客需求。以“长寿村”为诉求的风味发酵乳促进肠道蠕动，让人的消化系统更加健康，抓住了消费需求的周期性节点。

我们再以“芙蓉王”为例，说明消费需求具有清晰的周期性节点。

2002年，“芙蓉王”香烟上市，定价25元/盒，是引领消费升级的产品。当时主流消费群体抽的是10元或15元的香烟，“芙蓉王”这款产品抓住了消费需求的周期性节点，一经推出，受到消费者的普遍欢迎。

当时，河南市场的核心产品是售价10元的帝豪（现在更名为红旗渠），更高档次的烟是软包云烟，售价20元。

在强手如林的市场环境中，“芙蓉王”是如何撬动河南香烟市场，成为“爆品”的？我们研究“芙蓉王”的市场运作方式，当时这家企业实施“领袖消费工程”，将目标人群锁定为高端商务人士，企业以试吸和送赠品的方式进行产品推广，还在一些会议和高端餐饮渠道中推广产品，企业不只营造消费氛围，更是通过高端消费为“爆品”贴上“身份标签”。企业一举成功，在市场上多年保持领先优势，直到2009年才被售价50元的苏烟攻下“阵地”。

法则三：成功的“爆品”能够击中消费者痛点。

“爆品”不但可以让一些企业起死回生，还可以让一些企业从事业的低谷重回巅峰。但是，我们经过20多年的研究发现一些企业会因为成功打造一款“爆品”而走向辉煌，还有一些企业会因为研发能力不足，无法及时推出新的“爆品”而陷入事业的低谷，从此一蹶不振，甚至是消失在我们的视野中。

从这个角度看，一家企业需要成功打造“爆品”才能在市场竞争中占据优势地位，而一家企业必须具备持续打造“爆品”的能力，形成“爆品”迭代的产品通道，否则生意再好，也是昙花一现。

我们以苏烟为例阐述这一观点。

在苏烟上市之前，20～25元的产品是烟草市场上的主流产品，“爆品”以软包红云、芙蓉王、好猫、黄鹤楼等为代表。2008年，苏烟进入市场，定位40～50元，直接逼近中华烟的售价。我们经过研究发现苏烟能够成为“爆品”是基于两个要素：一方面是企业在20～25元香烟的基础上进行产品升级，抓住了消费需求具有清晰的周期性节点这一特征，形成“新主流”的身份象征；另一方面企业是以大众“辉腾”为模本推广新产品。众所周知，大众“辉腾”轿车是高端车的代表，价格与宝马、奔驰接近。大众“辉腾”的广告语是“献给成功而又低调的人”。尽管我们并不清楚苏烟的运作思路，但是苏烟的成功路径与大众“辉腾”如出一辙。中华烟走的是高端路线，一些人觉得抽中华烟过于高调，该企业针对消费者的痛点推出苏烟，苏烟的市场定位既满足了顾客追求品质生活的需求，又显得低调，正是因为消费需求具有清晰的周期性节点，苏烟在烟草市场上成为“爆品”。

我们再以细支贵烟的“陈皮爆珠”为例阐述这一观点。

贵烟在成功推出“国酒香”的基础上，实施细支“爆品”，以“陈皮爆珠”为突破口，用“更好的口感”作为品质基础，在细支烟的产品中形成“爆品”，细支贵烟的“陈皮爆珠”在烟草市场上一直是“一盒难求”。而2021年3月贵烟集团洞察了消费者“细支烟价低，没有档次”的痛点，推出了升级版细支烟，定位在30～60元，我们相信这个系列很快会成为“爆品”。

法则四：爆发式推广成就“爆品”。

“爆品”是爆发式成长的产品，企业必须运用爆发式推广的方式推出产品，才能使这款产品成为“爆品”。

我们以方便面行业的统一老坛酸菜牛肉面为例阐述这一观点。

2007年之前，康师傅红烧牛肉面是方便面市场的主流产品，这个“爆品”占据行业领先地位十几年，其市场份额占比超过50%。2007年统一企业联合北京鸿禧香精香料公司联合研发爆款产品，在老坛酸菜牛肉面产品的研发上，北京鸿禧香精香料公司功不可没。作为香料供应商，北京鸿禧香精香料公司以“越位”思维承担了产品研发的核心工作，研发人员受到当时流行菜品“酸菜鱼”的启发，克服重重困难，于2008年成功推出老坛酸菜牛肉面这款产品。

统一企业采用聚焦爆发式的推广方式推广这款产品，2008—2009年，在为期两年的集中上市推广期，统一企业仅投入终端促销的推广人员就7000多人，这些人每天在学校、社区、车站做试吃品，请大家免费品尝。

统一老坛酸菜牛肉面上市之前，统一企业在方便面行业内的地位下滑，而统一企业借助老坛酸菜牛肉面这款“爆品”实现70亿元的营收增长。在统一老坛酸菜牛肉面之后，“汤达人”“冠军榜”“满汉宴”等爆品持续发力，在方便面市场上取得了不俗的业绩。

我们再以贵烟为例阐述这一观点。

与“国酒香”上市推广方式一样，贵烟借助华糖的商务资源，把“烟酒不分家”作为企业的战略思维，实施烟酒融合推广，连续3年与华糖的酒类活动捆绑推广，取得了不俗的业绩。同时，贵烟联合华糖组织领袖消费者和酒类大商实施“贵烟体验之旅”，持续举办活动，取得了骄人的业绩。

4.【案例】食品企业产品的“药食同源”

从过去的吃饱到现在的吃好，食品消费的终极需求是营养、健康、美味，《舌尖上的中国》这个节目一经推出，就受到广泛好评，这是因为它满足了消费者的需求。

现代社会，人们更加注重健康，很多食品企业知道健康是消费者的最大诉求，但是还没有真正明白“什么样的食品才是健康的”。

我们近两年从事消费需求专题研究，得出的结论是：“药食同源”是健康食品的基本标志，也是消费者需求的“痛点”。

现实生活中并不缺乏健康概念型的产品，缺乏的是“药食同源”的产品，能让消费者信服的价值型产品。

消费者关注以下三点：

①产品的生产日期。消费者关注产品的生产日期是关注产品的新鲜度，吃新鲜的食物更健康，所以现在消费者不再青睐罐装食品，而新鲜的生榨椰子汁这类饮料非常受欢迎，这种食品饮料企业迅速崛起，在全国开了多家分店，比如奈雪的茶、蜜雪

冰城。

②配料表。互联网时代，消费者获取信息更加便捷，他们知道配料表中的山梨酸钾被用作食品防腐剂，而现代消费提倡健康饮食，消费者更愿意为新鲜食品买单。

③健康原理。过去，网络不发达，消费者与食品企业之间的信息不对称；现在互联网时代信息高度透明，消费者可以很快查清楚一个产品是否健康。

食品企业如何通过“药食同源”重构产品战略，赢得消费者青睐？我认为食品企业必须做到以下两点：

①产品开发要与消费认知一致，不要虚构概念，夸大产品功效。企业推出的健康食品营养丰富，河北养元集团的核桃蛋白饮品“六个核桃”2015 年营业额突破 150 亿元，2016 年保持快速增长势头。我国幅员辽阔，至少有 2000 种天然食材，比如核桃、红枣、山楂、山药、枸杞、刺梨、肉苁蓉、怀菊花，等等。企业把这些食材做成健康食品，卖给消费者，我们粗略统计，仅饮品就有百亿规模的市场容量。

企业不缺健康的食材，缺少的是能够让消费者认同的“买点”，这也是很多企业的短板，因为企业习惯王婆卖瓜式的“卖点”推销方式，忽视了消费者对产品的“心智认知”。

②企业需要提高工艺水平，确保产品原汁原味，满足消费者的需求。在和一些食品企业沟通的时候，我们强调加工的食品要新鲜，不含食品添加剂，这些食品企业的技术研发人员说：“现在的工艺和技术条件不成熟，无法做到加工的食品不含食品添加剂。”产品创新，企业就拥有比较竞争优势，但是，企业如果不能保证加工的食品不含食品添加剂，就无法满足消费者对于健康的需求，企业更不可能在激烈的市场竞争中保持优势地位。

我们曾经受邀与山药饮品企业洽谈业务，双方讨论完毕，我们主动放弃合作，这是因为双方的理念不同。我们认为山药适合做成鲜榨饮品，消费者可以通过品尝的方式了解产品，知道这款产品是健康的、原生态的。消费者对于健康的需求得到满足，山药饮品企业才能得到长足发展。这家山药饮品企业并不认同我们的观点，该企业认为应该大力发展袋装山药粉，袋装山药粉便于携带，制作成本相对低廉，可是问题在于消费者只看袋装山药粉的产品配料表，无法判断出产品是否健康，正是因为这个原因，目前还没有产生规模比较大的山药饮品企业。

红枣、山楂、枸杞类饮品企业邀请我们参观工厂，洽谈合作事宜，在沟通的过程中，我们提出产品应该“原汁原味、原生态”，双方理念不同，无法达成一致意见。

现在，我们仍然坚持这样的观点：在“产品为王”的时代，食品企业产品重构的战略是“药食同源”。如果企业不认同这种观点，请走进顾客的生活方式，研究顾客需求，让消费者告诉你他们需要什么样的产品。

“买点”是产品成功的唯一标志。

要找到顾客购买产品的理由，就要找到需求“迭代”的周期性节点。随着中国经济高速发展，人们的生活水平提高，出现了营养过剩的情况，乳制品行业白奶的蛋白需求时代接近尾声，略显沉寂的光明乳业发现了消费者的痛点，找到了需求“迭代”的周期性节点，适时推出“莫斯利安”风味发酵乳，成功地完成了品类占位，在市场竞争中占据优势地位。

消费需求是不断升级变化的，而这个变化是有周期性规律的，企业必须深刻地认知和理解这一点，才能成功开发产品。同时，通过走进顾客的生活方式，利用重构思维系统地研究顾客需求，找到产品“买点”，满足顾客需求。

忘掉“卖点”是食品企业走出竞争误区，成功开发产品的第一步，而找到“买点”是企业成功开发产品的基石。如果企业无法找到产品的“买点”，就不要为一个没有“买点”的产品浪费时间和资源。

企业要牢记“得顾客者得市场”，忘掉“卖点”，找“买点”，充分满足顾客的消费需求，在市场竞争中占据优势地位。

5.【案例】统一方便面的重生之道

我们带大家看一下方便面行业内企业产品重构的过程，方便大家深刻理解产品重构的重要意义。

统一方便面在中国内地已经有20多年的发展历史，2009年，统一方便面通过产品重构实现重生。

（1）历程回顾

在中国内地，统一方便面始创于1992年，和康师傅的创立时间接近。

1992—1996年是统一和康师傅这两个品牌在方便面市场领跑的阶段。从1997年开始，统一与康师傅并驾齐驱，统一方便面主要发展长江以南地区的方便面市场，康师傅方便面则布局长江以北地区的方便面市场。

1997—2003年是康师傅逆转的阶段，康师傅在这段时期快速成长，在方便面行业内排名第一，统一则屈居第二。此时，以华龙、白象为代表的企业开始快速发展，与康师傅、统一形成三足鼎立的局面。方便面行业内发展较早的企业（比如华丰、南街村）不但被康师傅、统一远远地甩在后面，而且也被华龙、白象超越。

2003 年发生通货膨胀，方便面行业内的企业陷入“价格战”，这种情况一直持续到 2008 年，此时亚洲金融危机爆发。统一在产品研发和产品升级方面弱于康师傅，由于无法推出新品，企业业绩下滑。统一从方便面行业内第二名的位置直接下滑到第六名。2008 年统一方便面在中国内地的销售收入低于 15 亿元，并且严重亏损。

2008 年 8 月，我们在福州碰到刚刚卸任的原统一总裁罗智先先生。谈起方便面行业的恶性竞争，我们说：“任何一个行业的恶性竞争都是行业灾难性的行为。”业界也有不同的看法，有人说：“恶性竞争的结果是大浪淘沙，会推动行业进步。”我们通过分析得出结论：消费需求不断升级，呈现出向上的态势，而行业竞争则呈现出向下的态势，出现劣币驱逐良币的现象。我们对罗智先先生说：“统一只有改变竞争策略，从价格竞争转向价值竞争，面向消费者，挖掘顾客需求，创新产品，才能避免恶性竞争，在竞争中占据优势地位。”统一方便面成功逆袭或许得益于此。

（2）产品重构：老坛酸菜牛肉面问世

康师傅红烧牛肉面大单品一直处于行业内绝对领先的位置，堪比白酒行业内的飞天茅台。康师傅以红烧牛肉面为依托，实现了跨越式发展，从企业主导产品到行业标杆性产品，再从行业标杆性产品到企业声誉产品，而企业声誉产品又带动康师傅的其他产品提升销量。

2008 年底，统一在局部市场推出了老坛酸菜牛肉面，不再采用之前行业渠道占仓压货的策略，实施推广策略。在第一批样板市场，统一采取地推战略，大量投入终端人力，搞试吃活动，请人们免费品尝，推广产品。

在布局第一批样板市场之后，康师傅实施快速复制的市场战略，2009 年投入终端人员超过 3000 人，2010 年投入终端人员超过 7000 人，高峰时期投入人员超过 10000 人。截至 2011 年底，统一老坛酸菜牛肉面单品销售额突破 30 亿元，统一迅速扭转局面，信心大增。

在 2011 年之后的三年时间里，统一老坛酸菜牛肉面实现了 70 多亿元的销售收入，并且和“六个核桃”一样，在品类市场里单品种占据超过 80% 的市场份额。

2011 年，尝到甜头的统一企业持续推出满汉大餐、汤达人、冠军榜、满汉宴几个品牌。新品接连上市，助力企业发展。统一不仅通过老坛酸菜牛肉面开创了方便面行业的“5 元”产品时代，还实现了扭亏为盈。

我们再带大家看一下手机行业内产品重构的企业是如何操作的。

手机行业产品重构的典型例子是苹果、三星和华为。

当年，摩托罗拉和诺基亚作为手机行业的领导者，统治市场很多年，大有不可挑战之势。

随着互联网兴起，3G 时代到来，苹果公司的乔布斯先生有句名言：“用产品创造顾客‘尖叫’。”这是产品重构的典型理念与战略。

苹果在手机领域迅速成为领导者，并占据了绝对的市场份额。

韩国三星并不是以手机为主业，但是三星发现商机，迅速利用产品重构思维完成了三星手机的研发、上市，并且发挥其显示屏主业的核心优势，在手机显示屏方面构建了自身的产品优势，占据了一定的市场份额。

华为是因产品重构而重生的企业。在国产手机领域，与华为同台竞技的还有TCL、金立、多普达等国产品牌，而华为利用其通信领域的主业优势，从顾客需求出发，迅速推出多媒体手机，以魅特系列产品重构的管道，以速度和产品性价比为比较竞争优势，成功成为全球手机领域的强者。

近几年，各个行业内的企业都在进行产品重构，比较典型的有白酒行业的劲牌、毛家铺子苦荞酒，家居行业的慕斯床垫，调味品行业的小小盐、海天味业等。产品重构不仅可以让企业起死回生，还可以让企业走出事业的低谷，创造辉煌的业绩，相信所有经历过产品重构的企业深有体会。我们为大家介绍企业产品重构的过程，希望其他企业借鉴成功企业的宝贵经验，找到适合自身的产品重构方法，助力企业发展。

五、营销重构

我们就企业的营销重构展开论述。

1. 移动互联网推动营销升级为6.0版本

传统营销以“卖”为出发点，形成了传统营销的“三斧子”，即铺货、陈列、促销。面对不动销的尴尬局面，增加了“半斧子”，即品鉴。这些营销动作在特定的时期可以产生效果。

我们说：“真理脱离具体环境就是一种谬误。”毋庸置疑，传统营销的具体环境因为“移动互联”发生了本质的变化，所以传统营销的“三斧子半”过时了。

任何事物都是在原有基础上实现“进化”。我们近几年为30多家企业提供咨询策划服务，通过研究我们发现提出移动互联时代的营销6.0版本也是在传统营销的基础上“进化”而来。

我们从以下三个方面加以说明：

①传统营销的铺货在移动互联网时代需要“进化”为“铺货+建群”。通过“铺货+建群”实现与渠道商的“黏性互动”，也就是说，营销6.0体系是建立在“社群”的基础上，一系列动作也是依托“群”展开的。

②传统营销的陈列在移动互联网时代需要“进化”为“场景”。我们的观点是没有场景的陈列不会吸引消费者关注。在商品不丰富的年代，我们说“货卖堆山”是商业法则，但在“总量过剩”的供需背景下，“货卖堆山”对消费者会造成一定的心理压力，也叫“商品污染”，没有场景的“堆山”不仅不会提升销量，还会让消费者反感。

移动互联网时代就是“场景消费”的时代，因为“场景”从消费者的心智角度回答了消费者为什么买的问题。因此，不会做“场景”的陈列就是做无用功。

③传统营销的促销在移动互联网时代需要“进化”为“首推+刷屏”。我们一定要明白移动互联网时代与互联网时代的最大区别是“顾客始终在线”。据统计数据显示，当前微信群有9亿多用户，而这些用户每天登录微信的平均次数超过50次，在线的时间为300分钟左右。过去的营销使命是把产品铺到终端，

通过陈列实现消费者“方便买，乐得买”。现在的营销使命是“请顾客在线体验场景化消费模式”。

2. 重构新营销体系：以顾客为圆心的社群营销

什么是社群营销？

所谓社群营销，就是网络社群营销，是基于圈子、人脉、六度空间概念产生的营销模式。是将具有共同兴趣爱好的人聚集在一起，把一个兴趣圈打造成为消费“家园”，比如猫扑专门为七喜建立一个品牌 Club，将喜爱七喜品牌且具有相同爱好的网友聚集在七喜 Club 里，使得 FIDO 这个七喜独有的虚拟形象得到最大限度的延伸。

品牌社群是一种新的品牌营销模式。美国学者布斯丁在 1974 年提出“消费社群”概念，他认为消费社群是人们在决定消费什么及怎样消费的过程中创造和形成的一种无形的社群。Muniz 和 OGninn2001 年提出“品牌社群”概念，这一概念强调品牌与消费者，以及消费者之间的各种关系，而不只是当前顾客会员制所强调的折扣与优惠。品牌社群的主要表现形式是会员制营销，早期的会员制营销主要应用零售、酒店、民航、餐饮、美容等行业，如今已经普及更多领域，比如从高尔夫俱乐部、赛马俱乐部等顶级会所种类繁多的优惠活动到超市的购物积分卡。顾客会员制或俱乐部营销早已被众多企业实践。前者更关注会员从顾客群体沟通与交往中获得的品牌体验，而后者更多地关注折扣和优惠。因此，以“品牌社群”取代传统的“会员制”更顺应体验经济发展的大趋势。

为什么社群营销能够成为酒类业绩增长的利器？主要有以下两个方面的原因：

①因为酒和社群的属性一样，两者都是交际工具。社群是通过网络平台聚集一群人，这些人聚集到一起的目的是沟通交流。酒是人们沟通交流的“润滑剂”，也是交往的平台。大家聚到一起，在推杯换盏之间完成了沟通与交流。

②在信息科技时代，人们对沟通交流的需求与日俱增。“物以类聚，人以群分”成为社会发展的趋势。在社群中，大家实现了人类的基本需求，就是守望相助。早在远古时代，部落的形成是基于成员之间守望相助。

2009 年，美国互联网专家查克·布莱默在《互联网营销的本质点亮社群》一书中指出：我们必须认识到社群已经成为企业的重要资源，要做到把用户和企业联系起来。如今，随着移动互联网的飞速发展及微博、微信等新媒体的不断涌现，人们的生活方式、价值观念、消费行为等都发生了巨大变化，人们对产品价格的敏感度降低，转而关注产品所带来的体验及口碑、文化等情感因素，这就促使用户与企业之间的关系由单向的价值传递转变为双向的价值协同，联系更加紧密。用户的社群性、社群意识变得更强，而基于共同的需求或共同的价值观的社群正成为企业应对这一变化的一个重要依托。

在这个市场被无数个要素切割的时代，企业发现找到自己的目标客户越来越难，企业似乎越来越难以获得消费者的信任。而消费者发现企业的营销手段越来越高明，虽然网络给我们提供了更多的信息，却也带来更多的误导。消费者没有那么多时间和精力了解某个企业或某个产品，在这种情况下，消费者的主要购买行为特征是“多点触及、一点成交”。

建立信任感是营销的核心功能之一。企业无论是制造好的产品，还是把产品包装、广告推广、品牌塑造、专家/明星背书、大众点评等作为营销重点，都是以建立信任感为核心。那么，如何才能获得消费者的信任？答案就是社群。

社群是消费者基于彼此间的信任所形成的群落，是一个两两相交的网状关系，而由信任关系延伸出来的商业经济形态形成了社群经济。社群是一种群落，在群里的人往往是基于某种共同的特征标签，比如地域、爱好、职业、学校，等等。在群里的人往往由于有共同语言而产生信任感。严格说来，社群也不是新鲜事物，中国人常说的“圈子”就是一种社群，只不过在互联网时代，“圈子”有了新的经济特征，被赋名为社群，对营销和商业模式产生了重要影响。2014 年也被命名为社群运营元年。

社群往往是基于某种特征走到一起的松散型组织。如果不展开运作，往往不能形成组织合力，很多校友会、老乡会、商会，要么靠收取会费维持生计，要么仅仅是一个联系点，浪费了很多本应具备的“势能”。

在移动互联、O2O、互联网思维等新工具、新思想的牵引下，一批有理念、有追求的企业家对社群展开了系列化商业运作，为社群经济注入活力，进而对商业思想产生重大冲击。为了区别于那些普通社群，我将其称为商群。

社群如果能够有效建立并运作，一定要具备以下三个要素：

①具有共同的纲领，类似于企业的使命和价值观。

②要有载体，比如某种产品或服务，这种产品或服务能够令人赞美并主动进行口碑分享。

③要经常举办社群活动，加深成员之间的感情。

商业化运作的社群在此基础上需要增加两点内容：

①社群本身有可持续的盈利模式，即使组织者不分红，全部盈利用来服务社群，也必须有盈利模式。毕竟维系和壮大社群，

不仅需要感情投入，还需要有物质方面的投入。

②有相对完善的社群运营体系。

3.【案例】酒类企业如何成功实现社群营销

对于绝大多数酒类企业而言，搭建一个社群并进行营销是企业面临的最大难题，资金、技术、营销经验等因素都制约着酒类企业发展，特别是中小型酒类企业开启社群电商模式遭遇很多困难。

对于一线品牌而言，借助互联网平台建立顾客数据库，然后通过顾客数据库分类模式实施顾客黏性管理。值得注意的是，顾客数据库管理可以借助多种手段，比如微信公众号、微博等，尤其是以微信公众号实现顾客黏性管理，需要企业持续运作。洋河建立“梦之蓝社区”公众号，引来数十万洋河粉丝关注，洋河通过微信公众号与粉丝互动。

对于中小型白酒企业而言，利用社群营销可以弥补自身在渠道资源方面的缺陷，实现无渠道营销，通过系统地导入社群营销体系，实现产品定制、直销等模式。

2013 年我们为滑县百旺道口大曲酒业公司（以下我们简称为道口大曲酒业）提供咨询策划服务，这是河南省滑县一家已经倒闭多年的地产白酒企业。认真分析市场竞争格局之后，我们发现滑县第一品牌是五粮醇，年销售收入在 5000 万元以上，其他品牌也是河南省的强势白酒品牌。作为一家刚刚起步的白酒企业，道口大曲酒业怎样与这些强势品牌竞争？

我们采用互联网思维进行深入分析，认为只有避开传统渠道的竞争，这家白酒企业才能生存。我们首先构建顾客数据库，通过在酒店做活动建立领袖人群。我们事先和足疗店老板沟通，用酒换足疗券，随后我们在餐饮酒店举办喝多少送多少的促销活动，只要顾客消费一瓶 200 元的酒，就送一张 200 元的足疗券。我们采用这种方式吸引了一批顾客，通过他们实现了口碑传播。

经过一段时间的运作，足疗店里持券消费的顾客越来越多，而足疗店用券换的酒也消费不完。看到这种情况，我们和足疗店老板沟通，请他向持现金消费的顾客推广我们的酒。足疗店老板可以采用两种方式推广白酒：一种方式是足疗店可以实行充卡送酒；另一种方式是可以向顾客直接推销酒。

过了一段时间，足疗店老板发现每个月推销 200 箱酒，就可以解决店员的工资问题。如果每个月推销 500 箱酒，包括房租在内的所有费用就解决了。足疗店老板的积极性被充分调动起来。

后来，我们把这种模式总结为“消费商模式”，足疗店、种子站、大药房、建材店等非酒类渠道都可以采用这种模式，这样能很快建立特通渠道。

经过近两年的发展，企业不仅配套建设了生态酒庄，还有近 30000 名会员。我们进一步对会员进行分类。对于企业家会员，我们免费提供经营管理及营销培训；对于书法会员，我们成立书法会员俱乐部，定期请书法大家来开讲座、搞笔会。经过 3 年多的运作，企业连续 3 年实现逆势增长，销售额突破 4000 万元。我们进一步利用社群营销原理策划了跨界合作模式，让道口大曲酒业与道口张存有烧鸡实施联合专卖店模式。这样做一方面提高了社群成员的能力；另一方面为“商客”提供更多的盈利渠道。

截至 2020 年，全国地产白酒企业超过半数被淘汰，而道口大曲酒业仍然保持着稳定的经营收入，在滑县的营业收入仍然保持在 5000 万元以上。这家企业和江西李渡酒业一样，有着相同的成功经验，就是把酒厂变成酒庄，围绕走进顾客的生活方式，做增值服务。

4.【案例】卖鱼缸：从卖产品到提供需求的综合解决方案

2014 年，我们为一家卖鱼缸的企业提供咨询策划服务。这家企业以前多为集团用户，其生产的鱼缸动辄几十万元，甚至有百万元的豪华鱼缸。

2013 年，这家企业的生意一落千丈，以前生意好的时候门庭若市，现在门可罗雀。

企业负责人请我们为他们做企业咨询策划。我们从事了 20 多年的企业咨询策划服务，经过调研得出结论：企业陷入困境的主要原因是没有找到顾客的痛点，创新服务方式。企业没有根据市场的变化主动出击，为顾客提供精细化服务，而是采用“守株待兔”的方式，等待顾客上门购买产品。

在和企业负责人沟通的过程中，我们问了以下三个问题：

第一问：顾客为什么购买鱼缸？从营销的角度来说，顾客购买的不是鱼缸，而是游动的鱼给自己带来的好心情。

第二问：买鱼缸的顾客面临的问题是什么？答案是不会养鱼，导致鱼死亡。

第三问：怎么把鱼缸卖给顾客？企业要给顾客教授养鱼的方法，让顾客享受到养鱼的乐趣，体现鱼缸的产品价值。

理清思路后，方向非常明确，正如重构理论描述的，方向确定之后，方法决定命运。

企业应该如何做，才能摆脱困境？

我们认为企业可以采用以下 3 个步骤：

第一步，按照之前整理的顾客数据实施电话回访，询问鱼缸的使用情况。情况跟我们预料的一样，37% 的顾客还在养鱼，43% 的顾客只剩下鱼缸，20% 的顾客已经把鱼缸丢弃。

第二步，向 37% 正在养鱼的顾客传递信息，告诉他们以后养鱼过程中出现任何问题，都可以向我们咨询，我们销售鱼缸之后会为顾客提供售后服务，每周会提供现场指导服务，内容包括如何挑选鱼的品种，选择哪种鱼食喂养鱼，传授防病知识，采取哪些措施改善水质，等等。向 43% 只剩下鱼缸的顾客承诺，以后负责给顾客养鱼，包活。前提是购买我们的鱼和鱼食，以及鱼的防病药品。针对 20% 把鱼缸丢弃的客户，我们会做出上述承诺。

结果，37% 正在养鱼的顾客中有 50% 的人购买了新的品种，还买了鱼食和防病药品。43% 只剩下鱼缸的顾客重新购买了鱼、鱼食，以及防病药品。20% 把鱼缸丢弃的顾客中，大部分顾客重新购买了鱼缸、鱼、鱼食，以及防病药品。

除了加大售后服务力度，企业还推广了养鱼经验，赢得口碑。企业针对现有顾客推出转介绍免售后服务费的活动，结果 89% 的现有客户介绍了几十个新客户。

在拥有大量顾客的基础上，企业通过导入社区商务的方式实施“跨界打劫”，涉及洗车、修车、买房、装修，以及销售烟酒茶和养生食品等，60 多个项目推出优惠措施，给现有顾客打折，这种做法增强了顾客黏性。

企业号召“顾客发展顾客，顾客服务顾客”，成立了各种兴趣和爱好社区商务团体，引入“国学教育”“亲子教育”“驴友会”“象棋会”“暴走会”“企业经营管理”等社区组织，以顾客的需求为圆心重构供给价值链和需求价值链。

综上所述，企业要忘掉买卖式的交易方式，为用户提供问题解决方案，这就是“大道至简，不战而胜”的秘诀。

5.【案例】酒商逆袭：醉翁之意不“卖”酒

2012 年，JH 企业的营业额接近 2.9 亿元，企业处在扩张期，主要客户为高端商务客户。2013 年白酒行业迎来“寒冬”，企业营业额不足 3000 万元，亏损 300 万元。

我们为 JH 企业提供咨询策划服务。在初步了解企业的情况后，我们认为酒水行业比食品饮料行业的市场容量大，酒水行业的市场容量是若干个食品饮料行业之和。食品饮料经销商的净利润不超过 10%，酒水行业仍然是投资回报率高的行业。

我们最后得出结论：**如果企业酒水生意都做不下去，即使改行，也很难赚到钱。**

JH 企业的董事长问我们：“我们应该怎么做?”我们说：“市场化是酒企的唯一出路。”

我们进一步给出答案：未来一定是从**“得渠道者得市场”转变为“得顾客者得市场”**。酒企必须从经营渠道转向经营顾客，企业要从建立顾客数据库入手，实施营销策略。

在和企业负责人沟通的过程中，我们问了以下三个问题：

第一问：顾客为什么来你这里买酒?

第二问：除了之前的高端商务客户，还有谁是你的顾客?

第三问：除了给顾客卖酒，你还能提供哪些增值服务?

JH 企业决策者绞尽脑汁，最后给出答案。

针对第一问，他们给出的答案是“只卖真酒”。我们说：“哪一家酒企说自己只卖假酒？大家都说自己只卖真酒。一线品牌名酒采用直营方式，设立专卖店销售白酒，能够确保自己的产品是真酒。”

针对第二问，他们给出的答案是“团购用户是主要顾客”。如何留住现有的团购顾客？我们给出的答案是：一切归零，从零做起。

针对第三问，他们给出的答案是“维护客情关系”。我们提出企业要忘掉“卖点”，记住“买点”，找到顾客的痛点，给出解决方案。做到“醉翁之意不‘卖’酒”，认真经营顾客，才能获取庞大的顾客群体。

我们可以像玩积木一样实施顾客数据库分类，具体有以下三种分类方法：

第一种分类方法：把顾客按照行业和职业进行分类。一类是非酒类企业用户；另一类是非酒类商业用户。

第二种分类方法：按照顾客的兴趣爱好进行分类，比如象棋爱好者、书法爱好者、养生爱好者。

第三种分类方法：找到顾客除了酒类以外的痛点，进行分类，比如子女教育、婆媳关系、夫妻关系。

JH 企业的经营决策班子成员听了我们的讲解，显得更加迷茫，他们打破砂锅问到底，我们继续为他们解惑。

智慧在于共振，咨询在于调动内因的聚合力量，产生“内因与外因的共振”。

除了卖酒，企业还能为顾客提供什么增值服务？这就需要改变传统厂商产品买卖的交易式思维。

我们给出以下方案：

①企业可以帮助客户提升经营能力。企业通过组建专家顾问团的方式举办私董会、研讨会，提供免费培训服务。2017 年这种活动举办了 100 多场次，取得了很好的效果。企业用心为客户服务，赢得客户的信任，客户也会回馈企业，购买企业的产品。

②根据顾客的兴趣爱好，企业可以采用社区商务模式为顾客组织各种活动，发挥平台作用，用心做好服务。仅2018年1月—10月企业就组织了近200场活动。这部分开支是用过去打折促销的费用转换而来。刚开始JH企业总是担心这样做会“打水漂”，我们担心企业接受不了，“迂回式”谋局就会半途而废。事实上，只要双方反复沟通，彼此赋能，就一定能够见到成效。

③针对子女教育、婆媳关系、夫妻关系存在的问题，开展“子女教育训练营”“婆媳关系孝道文化国学班”“夫妻关系今生来世陪伴之旅”（巧妙地融入酒企工业体验游），2017年，企业组织了300多场活动，客户反响很好。

通过4年的努力，这家企业2017年营业额突破12亿元，净利润3000万元。

“得顾客者得市场”，这是所有企业达成的共识。

方向确定以后，方法决定命运。很多企业都采用社群营销、圈层营销的方式获取客户，行业内涌现出不少黑马，比如酣客、肆拾玖坊，这些企业实现了逆势增长。

那么，社群营销、圈层营销的基本路径是什么？

社群营销、圈层营销的基本路径如下：

①连接。借助互联网这个工具，顾客可以与企业在线联系。如果企业总是处于“失联”状态，必然导致客户大量流失。因此，我们可以肯定地说不能保持24小时在线状态的企业会被时代淘汰。

②认知。连接是企业获取客户能力的基础，但是不能以“内容”为顾客重构场景的企业，就像看见一群鱼游过来，而你没有工具，鱼再大你也无法逮到一条。

认知是顾客获取企业信息，对企业产生好感的前提。这就要求企业在顾客认知方面改变传统的“王婆卖瓜式”推销行为，以“暖男式”思维获取顾客的“芳心”。因此，顾客认知阶段，企业需要做的是打动顾客，赢得顾客的信任。

③关系。关系决定成交转化率。如何与顾客建立强关系是转化交易订单的根本。

与顾客建立强关系主要依靠企业的增值服务能力，我们经常说企业要忘记“卖点”，记住“买点”，挖掘顾客除了酒以外的其他需求，企业要提高自身的增值服务能力，打动顾客。关于这一点，前文已经做了大量论述，这里不再赘述。

④交易。这里指的是企业持续获得订单的能力，而不是单纯指谈成一笔生意。现实中企业最容易出现的问题就是“一单死”，企业营销没有建立持续返单的能力。

同时，以“顾客发展顾客”或“让消费者成为销售者”才是社群营销、圈层营销的本质。

六、系统重构

企业除了战略重构、品牌重构、市场重构、产品重构、营销重构，还要进行系统重构。

1. 系统重构原理与策略

我们就系统重构的原理与策略展开论述。

（1）概念说明

系统重构就是通过对企业经营状况和外部环境进行评估，发现企业必须对多个要素子系统同时进行集成变化时，对企业多个要素同时进行调整，使企业内外部环境与企业的经营管理系统进行有机整合，形成一个最佳整体，从而有效提高原系统的系统功效。

（2）效应遵循：东风效应

在赤壁之战中，孙权与曹操一决胜负，为什么取胜的关键在于诸葛亮“借”来的东风？周瑜为了实施火攻策略，做了不少准备工作。但是，曹操的营地处于长江以北，周瑜的军队驻扎在长江以南，周瑜采用火攻策略，还缺少一个必要条件，作战时必须刮东风。如果没有刮东风，周瑜的计划就会流产。《三国演义》中记载：七星坛诸葛亮祭风，三江口周瑜纵火烧船，火借风威，风助火势，曹军战船全部被烧光，曹操大败。可见，在赤壁之战中，东风作为核心要素，在这次战役中起到了决定性作用。

在这场战役之前，还发生了蒋干中计、孔明借箭、苦打黄盖、庞统授计等事件，我们从系统功效的角度分析，这些事件都可以看成是“要素子系统”，这些“要素子系统”发挥各自的功效。《三国演义》中记载：蒋干中计后，连夜溜回曹营，向曹操报告，曹操一怒之下杀了蔡瑁、张允，失去了两位得力的水军首领，给曹军训练水军造成了极大的损失。这就是一个“要素子系统”在发挥功效，但是，前面说的这些“要素子系统”还不能让周瑜的军队取得关键性胜利，周瑜要取得决定性胜利，还缺少最后一个“要素子系统”——东风。正是因为东风这一“要素子系统”与其他子系统有机结合，才发挥了最大功效，这就是系统功效的“东风效应”。

企业系统重构需要对“要素子系统”进行补充和调整，使新的“要素子系统”与其他“要素子系统”相互作用，构成一个产生功效的新系统，或者是有效提高原系统的系统功效。

（3）重构原因

企业进行系统重构主要有以下几个方面的原因：

①企业业绩长期低位徘徊，有的企业甚至濒临倒闭。

②企业属于典型的小微企业，在竞争中长期处于弱势地位。

（4）常见问题

企业主要面临以下两个常见问题：

①企业有知名度，没有美誉度，销量日渐萎缩，盈利能力差。

②企业没有知名度，销量小，有的企业甚至处于入不敷出的状态。

（5）重构方法

企业可以采用以下几种方法进行系统重构：

①重构企业发展战略，寻找企业崛起的“支点”和“要素子系统”，在这个“支点”上构建企业独一无二的竞争优势。

②从目标消费者的需求出发，结合企业的差异化优势，为企业打造一个“声誉产品”，以“声誉产品”的单品突破打造企业的产品声誉，以产品声誉支撑品牌美誉度。

③集中企业所有资源打造一个“声誉市场”，通过“声誉市场”建立企业运作和市场发展形象的“窗口”。

④对企业的组织体系进行调整，使企业的不同部门之间无缝衔接，使人员的行动状态符合战略目标的要求，通过新的管理制度建设保障各要素在动力机制下发挥作用，必要时由外脑系统植入核心运作人员进行企业重点工作的“传帮带”或阶段性“托管”。

⑤对企业的生产经营进行精细化和集约化管理，控制生产成本，保障产品质量，提高生产效率，使生产系统进入全员营销的

机制，更快地响应客户需求，为客户提供更好的服务。

⑥不断对比系统重构前后企业的运行状态和运行绩效，通过分析确定重构的方向，进一步达成企业共识，提高企业组织的执行能力。

2. 【案例】仰韶系统重构：脱胎换骨，再创辉煌

为了改变仰韶低端大众的品牌形象，跻身一线品牌行列，仰韶进行系统重构。

（1）运作背景

茅台集团的季克良先生曾经说："当茅台销售额在 8 亿元徘徊的时候，仰韶的销售额已经超过 10 亿元。"的确，仰韶的产销量连续 4 年稳居行业第五。

1996—2000 年，仰韶的销量连续 4 年在河南省白酒行业内位列第一，其中，1999 年销售额突破 10 亿元。然而，仰韶的主销产品定价 3.8 元/瓶，仰韶成为豫酒的第一品牌，但也成为低端酒的代表。2000—2002 年，白酒行业的发展连续 3 年处于低谷期，仰韶陷入低端酒的泥淖。从 2004 年 8 月起，仰韶开始转变经营体制，延续了 30 年的国有经营体制就此结束，新成立的河南仰韶酒业有限公司（以下简称仰韶酒业）建立股份制的现代化管理制度，谋求产品升级换代，以便跟上消费升级的节奏。仰韶酒业先后开发了仰韶人家、龙凤双禧、仰韶礼品酒头、老仰韶等高、中、低档产品，收效一般。2007 年，白酒行业已经度过 5 年的快速成长期，但仰韶低端大众的品牌固有形象，以及深陷低端大众市场的现实成为企业发展的障碍。

（2）咨询使命

建设企业运营组织，依靠新的组织成长推动企业成长。

（3）解决之道

仰韶酒业进行企业组织重构，建立中高端产品运营组织，使企业新的组织摆脱传统低端产品和销售渠道的影响，专注推广中高端产品，重新建立与中高端产品相匹配的渠道组织和推广组织。

（4）仰韶组织重构“密码”

以低端产品为主的企业如何实现转型，成为中高端产品的代表？

曾经跌入“成功陷阱”的企业如何摆脱路径依赖？

结论：在企业决策层的支持下进行组织重构，培育企业的战略成长力。

“密码”一：培育新生组织。

没有人能够预言新生组织未来能给企业作出多大的贡献，但是无论其是否能够发挥应有的作用，它都承载着企业的未来。因此，在新生组织的孕育阶段，企业必须为新生组织提供战略层面的呵护，为新生组织创造良好的环境，输入新鲜的“血液”。仰韶在二十世纪九十年代后期依靠推销低价产品取得成功，而它在2000年以后的没落则是因为不能完成企业升级。从2004年8月起，仰韶酒业逐步走出事业的低谷，获得新生。历经3年多的运作，仰韶酒业不得不培育新生组织，在仰韶酒业的组织体系内建立中高端产品的运营组织，实现产品、财务、人员等方面的独立管理。正是基于战略层面对新生组织的共识，我们才与仰韶酒业合作，并为仰韶新生组织的成长提供条件。

“密码”二：挖掘彩陶文化价值，开发新品。

具体来说，仰韶酒业采用以下几种方式提升产品价值：

①挖掘彩陶文化价值。仰韶出土的陶器多数是粗陶，少数是

彩陶，细泥彩陶器具表面呈红色，表里磨光，带有彩绘的明显特征。由于这种彩绘陶器在河南省渑池县仰韶村首次发现，所以考古学家将此类同系统的文化命名为仰韶文化或彩陶文化。研究发现很多彩陶器具与酒相关。“陶醉”系列产品不仅和酒有关，而且和距今5000～7000年的仰韶文化有关，汉族的远古先民制造出陶器，又用陶器盛酒。仰韶文化是中国酒文化的源头，企业挖掘彩陶文化价值，可以彰显仰韶酒的文化底蕴，塑造仰韶酒作为中国酒源不可替代的历史地位。

②酿造陶香型白酒。仰韶酒业要传承仰韶彩陶文化，就要复活古老的酿酒工艺，形成企业自有的特色产品。2008年，仰韶酒业邀请百岁酒界泰斗秦含章、白酒专家沈怡方等国家酿酒权威组建专家团队，根据仰韶考古发现，重现了仰韶文化时期的酿酒工艺：采用“四米两麦一粱一豆”酿造陶香型白酒，陶蒸陶藏，从发酵、蒸馏、储藏到包装，全部采用陶质器皿。仰韶彩陶坊的酒瓶外观源于仰韶文化中鱼纹葫芦瓶的外形，按照仰韶文化的制陶工艺烧制而成，令消费者爱不释手。

③打造“高低有度，谐和随心”的酒头酒。消费者对白酒的度数有着自己的偏好，如何提高仰韶彩陶坊酒的适口性？仰韶彩陶坊酒独具特色，一瓶酒分为上下两个部分，顶部是70度的酒头，主体是45度的中度酒。饮用时，消费者可以单独品味70度酒的浓烈，也可享用45度酒的绵柔，还可以自由调兑出自己喜欢的口感。仰韶彩陶坊这款酒让消费者有参与感，企业对消费者充分尊重，让消费者对产品推崇备至，“高低有度，谐和随心”是消费者对仰韶彩陶坊酒的评价。

“密码”三：构建场景化消费模式，助力产品升级。

仰韶为了打造中高端品牌，着重在以下几个方面发力：

①正确选点。仰韶彩陶坊在创业初期将河南省郑州、三门峡、渑池、漯河四个地方作为试点市场，在郑州、三门峡分别成立直属公司进行运作，在渑池、漯河则分别成立办事处进行运作，这四个市场代表着不同的市场类型，也具有不同的优势资源。通过四个试点市场的运作，仰韶彩陶坊很快进入市场成长期。

②主攻四个关键价格带。仰韶彩陶坊选择在四个关键价格带上发力，分别是人和168元、地利398元、天时588元、天时地利人和898元。这四个价格带产品形成了对中高端消费的准确“卡位”，既满足了消费者需求，又满足了渠道的运作需求，更契合了仰韶彩陶坊的品牌定位。

③以体验式消费“引爆”核心消费群。只有得到核心消费群体的认可，产品才有市场。仰韶彩陶坊定位中高端市场，怎样才能让中高端消费人群接受仰韶彩陶坊？我们选择了以体验式消费“引爆”核心消费群的操作模式，推出了融酒吧、茶吧、陶吧为一体的酒道馆，在展示产品的同时，为消费者提供品酒、了解仰韶彩陶文化及朋友之间休闲交流的平台。酒道馆的经营者以非传统经销商为主，通过搭建酒道馆平台，仰韶彩陶坊很快抢占了中高端市场，完成了领袖消费带动的“3+1”综合工程。

“密码”四：系统重构原理。

事实上，在观峰咨询公司全面介入仰韶彩陶坊的业务之前，企业已经运作了一年，成效一般。观峰咨询公司进驻企业之后，进行调研，发现企业运作收效甚微的根本原因是企业的组织能力比较弱。一是原有大众酒的经销商资源无法支撑仰韶彩陶坊的市场定位；二是原有的销售团队因为有老产品的业绩支撑，没有危机感，也缺乏使命感。观峰咨询公司依据“海星组织”原理和支点原理为仰韶彩陶坊实施了组织重构，即成立彩陶坊事业部，重新组织营销团队，并且依据“马太效应”，规定原有经销商不得经营彩陶坊系列产品。根据中高端市场消费的趋势，预见性地规定仰韶彩陶坊不得选择传统经销商推销产品。

（5）系统重构实效

2009 年，仰韶彩陶坊销售额 9000 多万元；2010 年，仰韶彩陶坊销售额突破 2 亿元；2011 年，仰韶彩陶坊销售额突破 4 亿元；2012 年，仰韶彩陶坊销售额突破 5 亿元；2013 年，仰韶彩陶坊销售额突破 8 亿元；2014 年，仰韶彩陶坊销售额突破 10 亿元。打造一个全新的品牌，开创一个全新的品类，仰韶彩陶坊用 5 年的时间达到 8 亿元的规模。我们有理由相信仰韶彩陶坊还将创造更多的精彩，拥有更好的未来。

（6）仰韶系统重构的样本价值

每一个历史悠久的企业都会在发展过程中遭遇危机。没有经历过危机的企业不是一个成熟的企业。汾酒曾经历过危机，但汾酒现在已经迈入白酒“百亿俱乐部”。洋河曾经历过危机，但洋河现在已经位居中国白酒行业第一梯队。仰韶曾经连续 4 年位居行业第五、河南省第一，在 2000 年后却一蹶不振，直到 2008 年仰韶组织重构，力推彩陶坊，终于让仰韶脱胎换骨，用 6 年时间重新站在了“10 亿元规模”的台阶上。与 15 年前的仰韶相比，现在的仰韶是成功的；与 15 年前相同规模的企业相比，现在的仰韶还有更高的山峰需要攀登。从前一个角度讲，仰韶的组织重构是成功的；从后一个角度讲，仰韶的组织重构依然长路漫漫。仰韶的发展历程证明了组织能力对于企业生存和发展的重要影响，对于一个有梦想的企业来说，危机之后能否崛起的关键要素是组织再生能力，而组织重构正是对企业组织再生能力的塑造和强化。

在当前白酒产业重构的大背景下，绝大多数白酒企业都面临着重构的战略命题。如果企业仅仅采用所谓的腰部产品战术或修补策略，很难适应未来的产业新环境。当前一些名酒企业简单地认为通过副品牌实施产品降级策略，或者认为增加新品借助老市场就可以完成转型，我们可以肯定地说这种“伎俩性”搭便车思维一定会使企业陷入泥淖。

持续重构的仰韶彩陶坊流传着一句话：“今天的成果取决于昨天的行动，今天的行动创造明天的辉煌。”

2020 年，仰韶彩陶坊凭借超过 30 亿元的营收业绩成功奠定自己在中原地区的领导地位。2021 年，仰韶品牌登陆央视频道和各省卫视频道，企业新增 5 万吨产能，形成仙门山酒庄度假区的“五庄一园”发展战略。

我作为嘉宾到仰韶酒业参加活动，和仰韶酒业董事长侯建光先生进行交流。我深有感触，一位白酒企业界唯一一个技术出身的董事长，以“匠人”的心态对待企业的发展，践行“让产品说话，品质让营销成为多余”的理念。侯建光先生的谦逊内敛也让我印象深刻。

七、管理重构

我们就企业管理重构展开论述。

1. 价值观和信念才是组织永恒的法宝

当前企业管理面临的最大问题是价值观缺失。现代管理学之父彼得·德鲁克曾经说：“凡是卓越的企业都有超越功利的价值追求。”

由于职业的关系，我们更关注企业的成功经验，通过研究，我们发现这样一种现象：近几年，凡是做得比较好的企业，都在组织管理方面摸索出一套适合自己的方法。没有从组织价值观的角度入手进行组织管理的企业，尤其是陷入“全员持股式的合伙人”“鸡血式的成功学”的企业，经营会陷入困境。

身处“后市场经济时代”，如果企业文化建设滞后，一味地追求经营硬件建设，忽视提升企业的软实力，就会导致企业的运营管理处于一种焦躁状态，管理矛盾、组织矛盾激化却无法化解，这也是当前企业出现管理问题的根源。

企业文化是企业价值观的基础，一个好的企业文化必须能够建立四个层次的价值观，具体如下：

①根植于内心的修养。企业作为实体组织，必须从文化的角度建立组织成员的修养教育和训练系统。不能建立员工的修养系统不仅会让员工处于焦躁状态，更会让员工过于功利而失去幸福感。企业内部经常出现“不患寡，而患不均”的现象，就是因为没有根植于内心的修养，这一点在创业团队身上体现得更加明显。创业团队往往因为积累了一些财富而变得安于现状，不思进取，这样不但会导致企业出现人才断档的情况，还很容易产生“内耗”。

②无须提醒的自觉。企业要建立员工的修养系统，如果员工教育得成功，就会为企业的管理体系赋能，为企业经营管理体系的发展奠定坚实的基础。因为任何制度的执行和落实都是以员工的内心道德情感作为支撑。如果没有员工的内心道德情感作为支撑，企业强制执行制度就会出现法不责众的情况，或者产生组织性的“内心抗拒”。

③以约束为前提的自由。当企业组织的价值观建设和教育取得成果，组织成员做事开始出现“无须提醒的自觉”时，企业的规章制度会让组织成员感觉有安全感，更有做事的规则感，不用担心看上级的脸色，更不用揣摩上级的心思。大家共守一个规则，共同分享劳动成果。

④为他人着想的善良。“本位主义”是当前组织管理中遇到的最大难题。每个部门的成员都觉得自己部门是企业最重要的组成部分，也是付出最多的部门，缺少为对方着想的思维，就会导致部门之间相互抱怨。我们经常参加企业的部门协调会，参会人员要么“事不关己，高高挂起”，要么站在自己的角度考虑问题。

企业的问题说到底是管理问题，而管理问题的核心是对于人的管理。

我们的企业管理者常常过于求新，信奉西方的所谓“管理科学”，用 KPI 管理企业。管理学之父彼得·德鲁克先生曾经指出所谓“管理科学”的错误。他说：“‘管理科学’的错误在于把重点放在技术上，而不是原则上，在措施上，而不是在决策上，在工具上，而不是在成功上。”尤其重要的是，“在部分的效率上，而不是在整体的成就上”。

观峰咨询团队通过 20 年的实践和研究发现管理很难发展成为一门学科。管理作为一种社会实践活动，其有效性在很大程度上取决于管理层的品格、才干、使命感，取决于组织全体成员在道德信仰和行为规范上的一致性程度，但是这些因素都是很难实现定量表达和程序控制的。

管理学大师德鲁克先生认为管理要依赖人并且在人际关系中进行，管理不是由机器、工具或数据推动，而是由人推动。

稻盛和夫倡导“以心为本的经营”。1959 年，稻盛和夫创办京瓷公司，当时有 28 位员工，其中有 10 位员工集体向他递交“要求书”，要求他承诺定期增加薪水、奖金等。如果他不同意，他们就集体辞职。经过三天三夜的促膝长谈，那些人终于被他说服，但这件事对稻盛和夫的影响很大，他逐渐意识到创立公司并不能仅仅为实现个人理想，同时也应该追求全体员工的幸福。

稻盛和夫先生在多年后总结，他说：“虽然没有比人心更容易变，更不可靠的东西，但是一旦建立起牢固的信赖关系，就没有比人心更加可靠的东西。”

稻盛和夫先生认为搞经营就是围绕如何在企业内部建立一种牢固的相互信任的人与人之间的关系，这是一切经营的核心要义。

正如日本最具影响力的管理学者大前研一所说，日本企业的成功不只是有企业歌和终身雇佣制，而是在组织中重新发现了人。

价值观、目标、利益是组织成功的三个核心要素。从中国企业组织建设的角度看，目标和利益建设基本完成，而且达到了一定的高度，为什么企业的组织管理问题仍然是顽疾？

实践证明，企业的价值观建设和教育缺失是出现企业组织管理问题的根源。

从目标的角度看，每个企业都有宏大的目标，在互联网时代，创业者都认为自己确定的目标具有颠覆性，大家都意识到企业必须有目标，但是缺少脚踏实地的目标规划。

从利益的角度看，每个企业都已经解决好利益分配的问题，问题是无法实现目标就无法分配利益。近期，“阿米巴模式”在企业界盛行，企业打着“合伙人”的大旗，高唱雇用时代结束，合伙人时代到来，但是，这种“以包代管”的背后，合伙人式的组织利益也难以实现。

为什么说价值观建设和教育缺失是出现企业组织管理问题的根源？这是因为价值观是组织管理的“灵魂”，组织成员有着共同的价值观，就会齐心协力做事，实现组织确定的目标。

把组织管理的价值观上升到组织信仰的高度，就是使命。德鲁克大师的“衣钵传人”赫赛尔本大力倡导使命管理，她认为组织的力量蕴藏在员工之中，领导的任务不是赋予员工能量，而是想办法让员工释放能量。

无数企业的成功都印证了一个道理：任何企业的成功都是从价值观体系的建设和教育开始的。

企业是一种功利性组织，并不意味着企业可以不讲道德。涩泽荣一被称为“日本实业之父”，同时也是日本著名的思想家。他认为，发展资本主义，就必须改变轻商贱利的传统观念。1910年3月16日，从事实业二十余载的涩泽荣一迎来了七十寿辰。他最喜欢的礼物是一位名叫福岛甲子三的儒学企业家送来的一幅画，画面上有一把刀、一顶礼帽、一个算盘和一本《论语》。很明显，“刀”象征武士，“礼帽”象征商人，“算盘”象征经济，《论语》代表道德。受此启发，涩泽荣一写出《论语与算盘》一书。

他在书中说：“抛弃利益的道德不是真正的道德，而完全的财富，正当的殖利必须伴随道德。”

农耕时代结束之后，社会组织和经济组织就建立了分工与合作体系。单就经济组织而言，在社会领域里实现分工与合作升级，劳动关系和分配关系也在不断地发生变化。

随着社会经济发展，经济组织，尤其是企业组织，不断调整组织体系和组织关系，劳动关系发生了质的变化。

当前，更多的企业思考要建立什么样的组织结构、组织体系和组织关系，才能实现基业长青，避免“打工”式的松散组织关系。

企业的探索显然没有真正把握经济组织，尤其是企业组织变革的真谛。我们研究了企业组织体系和组织关系的诸多案例，从重构的角度提出建立组织体系和组织关系的三大基础，具体如下：

①组织的价值观。经济组织，尤其是企业组织，成败在于组织的价值观。价值观是组织的“灵魂”，是维系组织长期稳定的纽带，但是经济组织，尤其是企业组织，一直是用分配方式，或者是经济利益建立价值观，最直接的方式就是绩效体系。我们在市场经济初期就提出“按劳分配，多劳多得”的分配体系，而这种分配体系会促成企业建立价值观。

企业建立价值观之后，分配不均就成为组织不稳定的根源。尽管很多企业采用平衡积分法和 KPI 管理及分配考核办法，有些东西却没办法用数字化指标来衡量。

中国从计划经济时代转为市场经济时代，在一定程度上推动了组织体系和组织关系的发展，即使组织价值观以绩效和分配为主导，组织成员也没有感觉不适应。但是，随着“80 后”“90 后”成为组织主体，单纯的绩效和分配关系很难成为组织关系的纽带。这时候，就出现了价值观缺失，社会组织、经济组织，尤其是企业，出现了组织难题，就是组织成员缺乏敬业精神，不能吃苦。组织结构不稳定，企业经常出现人员流失的情况。

如何结合新时期的社会经济、文化特点、组织成员特征建立组织价值观，成为组织面临的重要课题。

我们认为改变单纯的绩效和分配体系下的价值观导向，就要建立平台式的组织，让组织成员产生归属感。避开“狼性”教育，树立共荣、共享的组织文化，依托组织文化建立企业的价值观。

②组织目标。这方面的理论非常成熟，很多优秀的企业做得很好。一个组织想实现基业长青，组织成员必须目标一致，才能不断推动组织发展，做到与时俱进。

组织目标是组织愿景的核心组成部分，只有把目标上升为组织愿景，目标的价值才能得到体现。如果目标不能上升到愿景层面，目标就会成为一种单纯的考核或管理控制，这是诸多企业出现目标综合征的根源。当目标上升到组织愿景层面，就会激发组织成员的潜能，他们会把压力变为动力，推动组织发展。

因此，将目标上升到组织愿景层面，使组织成员目标一致，才能实现目标管理。企业具体应该怎么做？

我们认为企业应该做好以下三个方面的工作：

一是围绕目标塑造愿景。这样做的目的是激发组织成员的潜能。

二是围绕目标建立组织成员能力考评体系，当然，需要改变单纯的组织考核体系，通过训练、培训的方式提高组织成员的目标达成能力。

三是通过目标考评建立淘汰机制。组织经常面临的问题是组织成员频繁流动。同样，组织成员尤其是组织的上层人员不能有效更新，就会出现“酱缸”现象，这也是很多企业组织结构僵化而被市场淘汰的根源。

③利益一致。一段时间以来，在“按劳分配，多劳多得”的背景下，出现了个体行为大于组织行为的现象，这也是组织发展陷入误区的根源。一些经济组织，尤其是企业，出现了个人英雄

主义，也就是组织成败基本上取决于某个组织成员的行为，“空降兵”成为建立企业决策组织的主要方式。

我们经过研究发现在保障组织利益的前提下，才能确保组织成员的利益。如果组织利益与组织成员的利益挂钩，就会避免出现“本位主义”，形成齐抓共管、群策群力的局面。

当然，一些企业决策者会说：“兵熊熊一个，将熊熊一窝。”其实，组织决策者与组织成员之间只有利益一致，才能更好地实现分工与协作。兵与将是组织分工和协作的有机整体。将强兵弱或兵强将弱都是组织结构的问题，不是组织的关系问题，如果将组织利益放在首位，就不会出现这种局面。

面对新的社会文化背景，新的社会价值观体系已经形成，企业的组织建设也必须与时俱进，跟上时代的发展。我们从重构的角度对组织重构做如下思考：

①让价值观成为组织的灵魂，持续建设，强化价值观体系。

我们经常说：“生意好做，伙计难搁。”难搁的根源就是组织成员不认同组织的价值观，难搁的表现是组织成员与组织的目标和利益不一致。

当组织处在创业期，因为组织成员有着共同的组织愿景，他们可以为了美好的未来而奋力拼搏。创业期结束，随着规模扩大，组织就会建立分配体系、考核体系，组织成员的价值观、目标及利益会出现分化。这种分化进一步发展，就会形成拥有不同价值观、目标及利益的小团体。如果没有正确的价值观标准，组织就会像一条没有航向的大船，随波逐流，失去竞争力。

②打破“酱缸”现象，激发组织活力。组织成员没有活力就会导致组织僵化。我们研究过诸多从兴盛走向衰败的企业，绝大多数企业都是因为组织出现“酱缸”现象才会衰败。

为什么会出现这种现象？

主要有以下几个方面的原因：

一是企业出现组织老化现象，创业团队成员一直是组织的领导者，组织领导者一直保留长期积累的经营理念、经营风格、决策管理风格，这些人很难接受新的经营理念和管理理念，导致企业的决策组织闭门造车，企业与市场脱节，就会从兴盛走向衰败。

二是企业忽视了组织体系和组织职能建设。从市场的角度来说，企业的营销职能一直是销售。如果企业没有营销的销售，就会陷入“价格战”和“促销战”的误区，企业就会忽视对消费者需求的研究。如果企业建立销售思维，就会从价格竞争转向价值竞争，面向消费者，挖掘顾客需求，创新产品，避免恶性竞争，在竞争中占据优势地位。

三是建立组织学习体系，提高组织的自我蜕变能力。我们研究过通用、三星等企业的发展历程，从表面上看企业经营的持续性非常强，实质上这些企业的组织经营得很好，主要体现在组织善于学习，自我蜕化的能力非常强。

一个强大的组织主要体现在思想体系强大，组织成员自我蜕变的能力强大。

如何才能建立强大的组织学习体系？从重构的角度，我们提出以下几点建议：

一是提升领导者的学习力。组织中，领导者的学习能力决定了组织的学习能力。如果组织的领导者自我封闭，或者因为一时的成功就陷入自我欣赏的误区，很快就会出现组织僵化，表现为组织缺乏活力。领导者只有善于推动自我进步，才能推动组织进步。

二是提升组织学习能力。提升组织学习能力是一个组织价值观重构的过程。通过提升组织学习能力，组织就会拥有比较活跃的思维，如果没有提升组织学习能力，组织就会思想固化，观念滞后，跟不上时代的发展。

三是让学习成为工作的一部分。企业组织学习会出现两种现象：一种现象是组织成员认为学习是务虚。一些组织成员认为学习是浪费时间，工作占用大量时间，他们没有时间学习，只需要把工作做好。另一种现象是组织成员不知道应该学什么。一些企业的学习没有形成体系，这种没有体系的碎片化学习方式不能改变组织成员的思想和观念，不能见到实际效果，组织成员就会认为学习的作用不大。

四是建立双面评价体系，规避单纯的利益管理办法。随着社会经济的发展，人们的收入日益提高，单纯的金钱利益管理很难维系组织体系的稳定。

从单个组织成员的角度看，稳定一个员工需要建立三个层次的组织体系，具体如下：

一是待遇留人。从基本需求的角度出发，给予员工优厚的待遇，以此来稳定员工队伍。

二是感情留人。当员工收入稳定，逐渐对组织产生归属感，组织就形成了凝聚力。

三是事业留人。当员工收入达到一定程度，如果组织不能给员工提供更广阔的发展平台，员工就会从自我发展和实现自我价值的角度出发，提出离职，选择有发展空间的组织。从重构的角度看，要把组织成员的需求按照不同周期做出规划，让组织成员在组织体系的轨道上运行。

我们通过研究发现企业决策者很容易忽视组织管理。很多企业决策者认为管理好每一个员工就等于管理好组织。同时，他们认为只要确定每个人的职能，组织职能就是健全的。事实上，这是一个极大的误区，从力学原理看，结构决定功能，组织决定空间。组织职能的完善不是增加人，而是调整人力结构和人力分布情况。

因此，组织需要从重构的角度出发，改变“按劳分配、多劳多得”的组织管理原则，因为这种分配体系是经济水平落后时期的组织原则。当基本生存不再是问题的时候，组织决策者就不能通过单纯的利益关系管理组织成员，就需要从价值观、目标及利益的角度重构组织体系，并且不断完善，促进组织发展。

2. 让能力成为达成绩效指标的杠杆

中国企业与外国企业的管理方式存在巨大差异，中国企业的管理更多地关注人，外国企业的管理更多地关注绩效指标。因此，很长一段时间，中国企业的管理被称为基于管理人的艺术，而外国企业的管理被称为基于绩效指标的科学。

在中西方文化交融的背景下，中国企业开始学习西方企业的管理理念和方法。大多数中国企业学习西方管理理念，实施绩效管理导向，因此，中国企业管理体系主要采用积分平衡法、流程管理体系，还有备受推崇的 KPI 管理法。

在学习西方企业管理理念和方法的同时，中国企业的管理者开始思考如何建立自己的管理体系。

2000 年前后，全国掀起学习“海尔管理模式”的热潮，很多企业的管理者来到海尔商学院参观学习。我们发现中国企业的管理学习只有“海尔现象”，除了海尔，没有哪个企业被全国这么多企业当作模板来学习。

可以肯定地说，海尔的管理模式是在海尔国际化进程中形成的，海尔的管理模式是中西结合的产物。因为海尔管理模式的形成是以管人为前提的管理，而绩效指标管理是在“管住人”的前提下实施的。如果把海尔的管理模式比喻为一列火车，海尔的管理体系就是铁轨。

伴随着经济新常态、员工年轻化、企业经营和发展的“不确定性”，以及互联网浪潮的冲击，中国企业的管理环境发生了深刻变化，中国企业的管理如何“进化”是管理咨询机构近几年深刻思考的课题。

为此，我们近几年连续与英国、德国及日本的企业建立了持续访问学者关系，深入研究发达国家的管理方法，这种学习交流的目的很简单，就是推动中国企业的管理变革与升级。

我们深入研究后发现，近几年外国企业的管理体系更多地融入中国式管理的元素。外国企业的管理开始从单纯的绩效指标的“科学管理”逐步转变为关注人的内心道德情感的管理，数字化指标开始融入人的主观因素。

以德国为例，尽管德国的技术在世界范围内处于领先地位，德国的工业4.0也成为其他国家学习的榜样，但我们和很多企业深入沟通后发现德国企业的技术进步不是单纯的以提高生产率、生产能力为目的，而技术研发的方向是如何减轻人的劳动强度，让人感觉更舒适。这种基于“人”的技术进步思考，应该是很多企业学习的方向。

企业在进行管理的时候不应该运用绩效指标生冷地考核员工，应该考虑到员工的内心道德情感，这就是中国式管理的理念：管理的最高境界是管心，管理的最终理想是为了不管人而管理。

3. 中国企业应该改进管理方式

对于中国企业的绩效指标管理，大致有以下几种观点：

（1）企业采用单纯的绩效指标管理，即生冷的数字化的管理，难免会出现短期行为

我们深入研究后发现很多企业的管理口号是“用数字说话”。数字是绩效衡量的唯一标准，数字代表业绩。以业绩论成败无可厚非，但我们应该让生冷的数字变成带有温度的数字。

2012年以来，中国经济进入新常态，从高速增长转变为中高速增长。绝大多数企业的规模增长进入瓶颈期，管理层的战略愿景和战略目标增长导向受阻，而管理层为了实现“自我理想”，没有深入思考实现绩效指标的路径和方法，只是简单地通过向员工施压，不顾客观情况，单纯地提高绩效指标，导致很多企业的绩效考核体系崩盘，员工付出了巨大的努力，却得不到相应的奖励，一时间员工怨声载道。

当绝大多数员工没有完成绩效考核任务的时候，最该处罚的是管理层。但是面对客观情况的变化，管理层应该从管理绩效指标转变为关注“完成绩效指标的人”。遗憾的是，很多企业管理层面对绩效指标未完成的情况，没有关心员工，而是采用“鸡血式”的管理行动改变人的态度。

（2）用绩效指标数字的理性化掩盖实质上的“人的能力”的理性化

中国企业之所以接受西方的绩效管理理念，实施绩效指标管理，是因为他们接受西方管理的“数字化”就是科学化的管理理念。中国企业认为绩效指标管理是科学管理，尤其是推崇KPI管理的企业，一切以数字说话是管理的最高指令。

不可否认，绩效指标管理是具体化的管理，是可以直接衡量的考核方式。但是我们要思考支撑绩效指标达成的前提是什么，我认为一是客观环境和企业资源，二是人的能力。

面对经济下行、总量过剩、产品同质化日益严重的情况，企业管理者难道不应该考虑客观环境和企业资源吗？当规模成长增长缓慢的时候，企业管理者是否深入思考过环境与资源造成的影响？我们是否应该从经营战略和发展战略方面对绩效导向进行反思？一味地坚持绩效指标导向，采取“生冷数字”的高压政策，只会导致考核体系崩盘，团队分崩离析。

彼得原理告诉管理者，随着企业的发展、客观环境的变化，每个员工都会被推到不能胜任的岗位上，从不能胜任到工作出色，这就是企业的发展过程。

随着环境急剧变化，每位员工在现有岗位上都显得力不从心，管理者应该思考如何通过建设学习体系，让每位员工的能力得到提升，让每位员工的能力与其所承担的绩效指标相匹配。管理者必须从研究绩效指标转变为研究如何达成绩效指标，避免采用“生冷数字”的高压政策，才能凝聚团队的力量，才能激发人的潜能，实现效益最大化。

（3）管结果更要管过程，没有过程就没有结果

绩效指标管理就是结果管理。面对不确定性增大的现实情况，企业管理者必须明白现在工作确实比以前难做，员工付出更多努力，得到的结果虽然不能达到要求，管理者也要肯定员工的成绩。如果管理者以单纯的绩效指标评价员工的工作，忽略了客观上的工作难度，就是一种管理失察，管理者必须深入系统地思考如何改进管理方式。

中国革命胜利的法宝就是把“支部建到连队”。这是管理下

沉，做好过程管理的典型案例。“支部建到连队”，就意味着管理者和员工同吃同住，一起研究形势，一起制定方案，一起想办法克服困难。

而绩效指标的管理是以结果衡量工作，以结果来管理，看似合理、客观、公正，实质上有管理失察的嫌疑。

管理者一定要明白管理不是以惩戒为目的，管理的本质是责任、服务。管理学之父德鲁克先生在其经典著作《管理的实践》一书中谈到管理和管理者，几乎没有谈到权利，而责任与服务在这本书中占据90%的内容，这两个词出现的频率很高，在200次以上。

面对困难，管理者必须反思自身为员工完成绩效指标做了什么，而不是用生冷的数字和以结果论英雄的腔调对员工指手画脚。

（4）绩效指标管理，给指标，更要给权利，给指导

西方企业的绩效管理并不是单纯的数字摊派，而是权利和义务的对等。我们研究发现中国的大部分企业都学会了西方绩效管理的模式，但是忽视了西方管理的精神和理念。绝大多数企业绩效指标的背后，不但没有对等的权利和资源，而且缺失管理责任和服务行为。员工没有完成绩效指标，所有的管理者都可以横眉冷对，对员工指手画脚，这样做只会让员工寒心，员工会消极怠工，甚至是离职。

企业学习任何一种模式，都要学习这种模式的精神，而非模式本身。我们去国外的企业参观，经常惊诧于他们员工的精神面貌。我们以访问学者的身份参与西方企业管理，发现他们的绩效指标背后是对人的关注。《论语》中的“己欲立而立人，己欲达而达人”印证了这个道理。

中国企业的管理重构就是要从关注绩效指标转变为关注人。

人本管理是中国企业管理的要义。企业的管理者必须深刻认识到未来企业面对的挑战不是环境的变化，而是企业经营要素的“不确定性”。为了应对这种挑战，管理者需要从单纯关注企业经营要素转变为关注人。

关注人的能力。面对不确定性越来越大，每个人的能力都受到极大的挑战。如果墨守成规，丰富的经验有可能变成包袱。关注人的能力需要从管理者的能力提升开始，先从管理创新开始。提升人的能力需要从管理者示范开始，只有管理下沉，员工的能力才能得到提升。

关注绩效指标要从关注承担绩效指标的人开始，管理者要承担绩效指标协同的责任，即“管理连带责任”，而不是轻描淡写地承担二级责任。在实际工作中，我们发现有的管理者拥有一级管理权力，却承担了二级管理责任，下级完不成绩效指标，上级就可以指着下级鼻子骂，而他只承担“管理连带责任”。

4. 回归管理的本质：既要有制度，更要有温度

管理的对象是谁？是人类的工作社群。从表面上看，管理的目的是完成工作，但是所有工作都是由人来完成，所以，管理就是和人打交道。**管理的本质就是用爱激发和释放每个人的善意。**

愿意为他人服务，这是一种善意；愿意帮人改善生存环境、工作环境，这也是一种善意。

管理者要做的是激发和释放人的潜能，创造价值，为他人谋福祉。

但是，很多企业管理者把管理当成一种工具，认为管理的目的是完成绩效指标，就必须操纵控制下级的行为。管理学之父德

鲁克并不认同这样的观点。在他的著作中，对“胡萝卜加大棒”式的管理方式进行了细致分析。**“胡萝卜是利诱，大棒是威胁，两者都是在利用人的弱点，即人性中的贪婪和恐惧，去操控工作者，这与管理的本质背道而驰。”**企业管理者普遍采用“胡萝卜加大棒”式的管理方式，但是，在不确定性增大的背景下，企业管理者采用这种方式管理员工，效果越来越差。

管理就是让员工的人生更有意义。

企业要生存，就要有经济上的回报，也就是产生利润，企业积累资本后再次投入，获得更大的利润。如果企业家只是为了赚钱而经营企业，即使成功，也没有创造价值。

管理学不是成功学，也不是生存学，管理学当然也追求成功，但是它追求的是有意义的成功，创造价值的成功。

现在中国有很多人误以为管理学就是成功学，大家追捧的都是成功的企业家。只要企业家获得成功，大家就觉得他的所作所为一定值得仿效，要学管理就得向他学习。我不是说成功者都不值得学习，而是说要研究成功者的行为，这个成功者有可能创造了价值，但是也有可能他的某些行为是破坏和转移价值。

当今社会有很多互联网消费型企业，包括电商平台企业，他们的一些行为是创造价值，给人们带来好处，推动社会进步，但是，他们也有一些行为破坏了价值。企业管理者一定要仔细甄别，不要全盘接受，要学习这些企业为社会创造价值的行为，摒弃那些破坏和转移价值的行为。

管理者通过提升员工境界而实现成功管理。

企业管理者提升管理能力就是把员工的视野提升到更高的境界，把员工的成就提到更高的标准，锤炼其人格，使之超越自我，然后才能把员工的潜力、持续的创新动力开发出来，让他创造价值。

我对于领导者的理解是有人追随的人，如果有人追随你，你就是领导者。领导者最重要的任务是把人领到正确的方向上。

企业管理者作为领导者，要么是将他人领到正确的道路上，要么是误导他人，使之走上错误的道路。管理力不是中性的，不是越多人追随你，你越能忽悠人，你就越成功。企业管理者应该认真思考这样一个问题：在你从事经营和管理的过程中，你是在提升自己和你的追随者的境界，还是在让他们堕落？

5. 组织重构：从矩阵式分工到同心圆式协作

我们提出组织打造的三个“一致”法则，即价值观一致、目标一致、利益一致。这三个“一致”，不仅是组织成功的法则，更是组织永葆活力的基本法则。价值观解决的是做什么的问题，确保“一个声音”；目标解决的是做到什么程度，确保“步调一致”；利益是组织和个人的关系，解决的是“为什么做”的问题。

我们从组织分工的角度谈组织重构。

组织形式决定企业获取价值的聚焦点，组织是时代的产物，每个时代都有自己的组织形式导向和组织价值的聚焦点。

历经 40 年的长足发展，中国经济不但进入“新常态”，而且进入新时代。这个时代的经济特征是“总量过剩，个性（结构）不足”。“总量过剩”不仅意味着供大于求，更意味着需求稀缺。“个性（结构）不足”不仅意味着需求结构多层次、个性化，更意味着存在大量未被满足的需求。

在“以顾客为中心”的时代，企业要生存，就必须满足顾客多层次、个性化的需求，这就要求企业改变组织形式，舍弃矩阵式分工的组织形式，实施以顾客为“圆心”的同心圆式协作模式。

（1）生产导向时代：生产效率最大化

矩阵式组织是基于大生产时代的分工组织，物资短缺时代是以生产为导向，强调分工。矩阵式组织架构强调企业产、供、销按照各自的职能分工，实现生产效率最大化。

生产导向时代，流程化的分工和专一化的岗位作业模式是提高效率的核心要素，我们分别展开论述。

①分工是为了提高生产效率。

发明汽车是对人们出行的需求预判。随着社会的进步，马车逐步过时，人们需要使用更便捷的工具出行，提高出行效率，汽车由此诞生，汽车作为出行工具开始工业化生产。

1903 年，亨利·福特先生就以生产工人也能买得起的汽车为目标，用最大化的效率实现成本最小化。因此，福特从生产“T”型车开始，以流水线生产作业模式实现生产效率最大化。

因为福特做到了生产效率最大化，所以福特汽车在生产导向时代成为领跑者。福特制造汽车的过程就是基于生产组织流程化带来的岗位专业化。

②生产岗位专一化是生产效率最大化的保证。

有了流水线生产作业模式还是不能实现生产效率最大化，按照流水线生产作业模式，让每个生产岗位的流程效率最大化才是终极目标。于是，亨利·福特先生就给每个岗位明确分工，规定每个岗位的工人只干一件事情，而每个岗位的工人都熟悉自己的岗位工作，这就做到了专业化。

（2）营销导向时代：市场效率最大化

营销导向时代强调以市场为中心，实施内部组织和外部组织市场化。

过去物资短缺，随着企业不断提高生产效率，物资极大丰富，供需基本接近平衡。这个时代，产量可以保证，销量成为企业发展的主要制约因素。

营销导向是以市场需求为依据，生产适销对路的产品获取利润为目的。营销导向使得产品不断改进，以适应市场需求。过去是以产定销，营销导向时代则是以销定产。企业的组织体系自然从内部的生产效率转向营销效率。

这个时期，企业在研究营销效率时开始以市场的视角，在组织内部强调市场化，以激发企业内部员工的竞争力和活力，遵循内因决定外因和外因反作用于内因的客观发展规律。

案例一：丰田以营销效率超越福特的生产效率

丰田是继福特之后发展起来的汽车品牌，而所有后起之秀挑战老品牌最后获得成功都是基于比较竞争优势。

丰田在与福特生产效率相当后，开始以营销的视角审视外部效率。

从市场模式的角度看，福特的市场营销模式是和代理商分工的模式，即交易式销售模式。丰田系统地研究福特的市场营销模式之后，提出厂商一体化模式，以厂商一体化模式提高营销效率。

厂商一体化模式优于简单分工的交易式销售模式，在市场营销方面实现了效率最大化。生产企业开始深入市场，服务流通企业，以便提高渠道效率，加快商品的流转速度。丰田以“速度冲击规模”为战略迅速超越福特，成为汽车行业内的龙头企业。

案例二：TCL 以“速度冲击规模”的市场营销战略击败长虹

1998—2002 年，TCL 和长虹在电视机市场展开一场市场营销竞争。刚开始长虹领先，为了超越长虹，TCL 接受人大商学院教授、博士生导师包政先生的指导，引入“深度分销模式”，实现渠道效率最大化，以“速度冲击规模”的市场营销战略击败长虹。

案例三：海尔内部市场转化为外部市场，营销重构比较竞争优势

在 TCL 与长虹竞争的时期，海尔在内部标准化和专业化的生产运营方面领先于同行。在此基础上，海尔实施内部市场化，规定生产部门是采购部门的客户，营销部门是生产部门的客户，再造内部考核体系，在内部分工的基础上，实现内部组织的协作效率和价值最大化，实现了为外部市场营销助力的策略。

（3）顾客导向时代：顾客价值最大化

当前，中国市场的基本特征是“总量过剩，个性（结构）不足”，在这个供需背景下，温饱型需求得到最大程度的满足，而享受型需求未被完全满足，还处于高速发展阶段。

需求的结构性和个性化是企业面临的最大机会，而基于温饱型需求的同质化竞争就是最大的陷阱。传统企业往往无视这种机会，还是以传统营销思维面对市场竞争，导致被后起之秀超越，丧失市场主导权。

总量过剩时代是顾客导向，强调组织协同能力以满足个性化的需求，实现企业从经营市场到经营顾客的战略重构。

①从分工转向协同。

前文已经强调，分工就是为了提高效率，使专业化程度更高，而顾客导向时代强调的是组织协同能力，获取顾客价值。

顾客导向时代就是顾客个性化需求时代，顾客需求个性化就是要改变大规模、工业化的分工效率模式，转向协同的顾客价值模式。

企业管理者仔细思考一下，“行业萧条，市场繁荣”背后的深层次原因是什么？

“行业萧条”的背后是温饱型需求的“断崖式”下跌，即使企业以“跳楼价”售卖产品也无济于事。

“市场繁荣”的背后是享受型需求呈现井喷式增长。

②从单纯的卖产品转变成为顾客提供产品的解决方案。

从某种意义上说，分工是为了生产和销售产品，协同是为了给顾客提供产品的解决方案。分工是为了生产和销售最大化，协同是为了顾客价值最大化。同时，协同的另一个目的是顾客价值的最大化获取。

如果企业不能为顾客提供解决方案，采用传统营销模式销售产品，就无法满足消费者的需求，这样的企业会逐渐被市场淘汰。

典型案例：从双汇集团的“父子之争”看组织重构

双汇集团的“父子之争”在企业界掀起轩然大波，不只是因为双汇集团和万洲国际的影响力，还因为父亲已经年逾八旬，儿子已过知天命之年。家族成员之间的权力之争是中国民营企业，尤其是家族企业的通病。

我们先看一些媒体报道，《第一财经》《新肉业》刊发《独家对话万洪建：双汇的改变取决于万隆的认知和境界》《万洪建：我心中的信仰轰然倒塌》，秦朔先生写的《股权头上一把刀——企业家、家族与企业的命运》，还有著名财经作者周键先生发表的《撇开仁与孝：万洪建隔空怼万隆，究竟为什么》。

双汇集团的“父子之争”可以从两个层面分析，一个是家务事的层面。自古就有“清官难断家务事”之说。我们经常说家是一个讲爱的地方，不是讲理的地方，家庭成员之间要互相谦让。另一个是企业组织管理的层面。任何一家企业想要管理好，就必须做到“有法可依”，把组织管理上升到企业战略管理的高度，企业决策者还要有预判力。

我们从上述两个层面分析双汇集团的“父子之争”。

“企业家”这个词有创办企业，以企业为家的意思，所以企业家反而没有“家”，这是因为无论是创业阶段的艰辛，还是守业阶段的操心，都让企业家难以享受家庭温馨。

事实上，很多企业家在治理企业这个大家庭的时候是行家里手，但是在管理自己的小家庭的时候无法得心应手。究其原因，是企业家忙于工作，忽视了对家人，尤其是子女的陪伴。尽管让家人在物质方面应有尽有，却在彼此的亲情方面非常“贫穷”。

很多网友评论双汇集团“父子之争”时说：“都那么有钱了，还争什么？”

实质上，这是争权而非夺利。争的是思想观念、企业经营理念。

万洪建把他和父亲万隆的矛盾概括为四个方面：反对双汇国际收购美国史密斯菲尔德公司；双汇集团的新产品发展方向的中式化；万洲国际十四五规划部分主要指标不切合实际；万洲国际

经营重心不应该“重美轻中”。

这种意见对吗？一个长期立足国内市场的人，走过许多地方，访问过许多企业，听得到前线的“炮声”，他当然希望享受产业发展所带来的周期性红利，希望双汇集团在生猪屠宰和冷鲜肉等领域继续扩大生产，保持优势，这时候恰好赶上国际贸易摩擦，遇到万洲国际的美国合伙人业绩不甚理想，他自然会想起自己从前提出的不同意见，埋怨决策者“重美轻中”。

这种因时因势而变的思维，以及立足国内市场打“阵地战”的价值导向恰好是万洪建作为一个经营者所具备的素质。他的朋友圈中有伊赛买银胖等人，这些人聚在一起，难免要探讨对中国经济发展的现实体察和对商业运营的具体心得。

正是因为有代沟，万洪建可能忽略了老一代创业人所惯有的那种“国际梦”和“大产业梦”：企业要做，就做成中国第一、世界第一；产业要做，一定要“气吞万里如虎”，打败对手，称雄世界。所以，我们看到这么多年万隆带领双汇挤垮了春都，将雨润、金锣等品牌远远甩在身后，兼并企业，引进全球顶级资本，将“国际化”的旗帜一扛到底。

为什么这样做？他有自己的逻辑，而且这个逻辑是建立在中国肉类市场的运行周期、行业集中度、卫生防疫等基础上的。最起码万洲国际将欧美的猪肉制品拿到中国市场“调丰补缺”，这种战略是有道理的（双汇的肉类外贸业务规模从 2013 年的 7 万吨增至 2020 年的约 70 万吨，销售收入突破 160 亿元）。双汇发展一直在屠宰这一环节进行经营“卡位”，事实证明这一做法在很长一段时期内构成了其独特的竞争优势。

至于说如何在此基础上进行产业延展和业态升级，如何确定万洲国际和双汇发展各自的发展战略，如何让企业的产业链、供应链打造和新产品开发适应“国内大循环”国策，这都是发展过程中的动态问题，甚至需要年轻的团队接续解决的问题。可惜，在为了脸面、尊严、权力的父子交接班博弈过程中，它们都被搁置，都没有得到深入的交流和探讨。

当前中国企业家普遍面临这些难题：“国际化”还要不要提？如果要推进，具体实行什么样的“国际化”“内卷”如果也是必须的，那么，“内卷”和“国际化”该如何衔接？这些问题不好回答，但像双汇、万洲国际这样的企业发展史告诉我们，国家实行改革开放，企业推进国际化是一个必须长期坚持的过程。实践证明，企业拥有更大的市场，整合更多的资源，才具有做强做大的基础条件。国际市场出现波动是暂时现象，为了长久发展，企业不能只停留于“内卷”，还应该实现“国际大循环”和“国内大循环”两个市场的双轮驱动。

万隆一辈子经历了那么多，他应该明白这样做的必要性。如果他真的因为年龄大了变得昏聩，那么我相信他不必总是待在酒店，也不必总是在国内外来回奔波，可以直接到国内或国外某个风景秀美的地方养老。看来他还是想继续“活到老，干到老”，这真的很不容易。

当然，国际化的进程并非一帆风顺，也会存在各种问题。拿美国的史密斯菲尔德和国内的双汇发展的经营模式来说，前者将生产经营的很多环节外包，除了中心工厂，还有很多协作体，“高成本、高工资、高激励”，因而会出现“毛利高、净利低”的财务结果，而后者讲究内部配套一体化，主要围绕火腿肠等主打产品展开经营活动，最后业绩呈现出“毛利低、净利高”的情况。

万洪建所说的西式产品中国化、中国区和国际市场此消彼长等问题也确实存在，需要企业管理者在实践中不断探索解决之道。尽管万洪建说得比较尖锐，只要他在某些方面说得有些道理，那么万隆倒不妨宽厚一笑，认真听一下，有些事情不妨让年轻人放手一搏。

从接班人的传承看，民企的“创始人信仰”能否传承，又如何面对领导班子更替的情况？这些尚未可知。

一位朋友说看了万洪建的专访，现在感觉双汇危机四伏，其面临的危机主要在于两个方面：一方面是老板万隆的市场观念严重滞后；另一方面是本地同类产业集群（比如牧原股份）的强势崛起对双汇构成巨大威胁。

这是见仁见智的事情。我们并不知道他对自己、对企业所面临的形势会如何评判。不过，正如前面所说，万洪建这次发言对万隆一定会造成伤害。

万洪建的讲话中对万隆伤害比较大的有以下两个方面：

一是涉及万隆本人对股权、财产、利益的态度和做法，“10余年始终不分红”“他个人总计拿到9.2亿股奖励股票，合计65亿港币”“（当初收购）有大股东借势转移资产的杂念”，把由此造成的“不公平”展现出来。

二是直斥万隆没有放下“心中的权魔”，贪恋权力，“崇尚对企业百分之一百的掌控力”，直接描绘出一个颐指气使的独裁者形象，常言说“伤人伤指，戳人戳心”，“贪钱”又“恋权”，这让一辈子征战商场并辛苦打下基业的老爷子情何以堪？

首先，万隆和万洪建之间是工作上的上下级关系，万隆当时让他走，作为下属，他没有理由留下；其次，他们是血缘上的父子关系，有些事情可以在家中的饭桌上交流，而不是在工作场合以儿子的身份顶撞父亲，这种混淆身份的行为，实为职场大忌。

当然，现在还不是过多评论谁是谁非的时候。无论是万隆撤销万洪建的职务，还是万洪建炮轰父亲，发生在世界最大肉制品企业里的这场争斗如果按照目前的态势发展下去，到最后只会两败俱伤，甚至有可能影响万洲国际的发展。

企业一旦做大，一般都会采用“一个中心”的治理模式。创始人拥有绝对的话语权。在这种情况下，传承难以推进，结果常常是冲突不断。

发生冲突很正常，但是如果发展到互相折磨、反目成仇的地步，不但彼此之间的亲情消失殆尽，甚至会导致企业决策者判断失误，做出错误的决定，进而影响企业的发展。

从这个角度来说，家族传承也不一定可靠。万洲国际发生的事件提醒企业决策者可以采用美的集团传承的方式，即由职业经理人接班。

当然，也有许多家族传承做得极好的企业案例，我们在这里不再赘述。

现在民企存在着“创始人信仰”，这样的信仰，正如万洪建感叹的那样，很容易轰然倒塌。企业管理者必须打破这种信仰，采用科学的方法管理企业，以开放的姿态为企业输入新鲜“血液”，为企业构建一个光明的未来。

6. 民企如何实现“科学传承”与“传承科学”

中国家族企业的“科学传承”与“传承科学”一直是个战略命题，也是大多数家族企业遭遇“富不过三代”厄运的根本因素。

无论是日本松下、丰田、索尼等百年品牌，还是西方的福特、IBM 等家族企业，其传承都是从“六亲不认”开始的。企业决策者把职业经理人团队请进门，让职业经理人团队和企业所有者一起管理企业，不但解决了企业“世袭式”继承的“阿斗式”悲剧，也让创业者创立的基业得以存续，这样就不会出现“富不过三代”的“中国式悲剧”。

我们可以大胆地进行逻辑推理：企业传承“六亲不认”，企业决策者内心想的肯定是“任人唯贤”，也就是思考培养职业经理人团队，认可职业经理人团队，实施所有权和经营权分离的“科学传承”和“传承科学”战略。

当然，这种“任人唯贤”的传承是对创业者的尊敬，是对家族企业最大程度的负责，也是对家族后来者的“大爱”。

我们曾经深入研究全球“百年企业”的传承和继承逻辑，尤其是福特、松下、IBM 等巨头，在“科学传承”的前提下，“传承科学”做到了以下四点：

①最大的传承是传承创业者的企业经营理念、企业的组织价值观这些企业的无形资产。

②传承要基于所有权和经营权分离的科学经营和经营科学体制和机制。建立决策委员会以形成集体决策，避免企业因决策失误而导致传承失败。

③要成立发展基金会，职业经理人团队不仅是守护者，更是创业者。这样就可以避免“柯达式”的“守而不创”，导致企业难以永续。

④重构“分产不分业”的分配机制。职业经理人团队可以通过“分产”成为新业务单元的负责人。这就是大家经常说的“只要股份制，企业传承无难事”的基本逻辑。

如果说全球的“百年企业”传承都做对了一件事，那就是强化以价值观为核心的企业文化传承。这种以价值观为核心的企业文化传承让继承者，包括职业经理人团队能够做到：根植于内心

的修养；无须提醒的自觉；以使命为前提的自由；为他人着想的善良。而这四点是企业打造百年基业和实现永续经营的基石。只考虑有形资产的传承，不考虑以价值观为核心的文化传承，企业就难以逃脱“富不过三代”的厄运。

最后，需要说明的是我们的这种分析和推测都是基于对中国家族企业传承难题的思考，而且这些也都是我们用 20 年时间进行深入研究总结出的结论。

我们和家族企业的创始人、继承人有着共同的目的，就是让企业摆脱“富不过三代”的命运，实现基业长存。大家都知道创业者创业艰辛，而继承人守业更难，因为他比创业者多了一份压力和责任。

老板·创业			
一、经理人			
书名	内容	书名	内容
老总有想法，高层有干法 王清华 著	企业将、帅之间的定位问题、角色问题、方法问题、思维问题、管理问题等	**历史深处的管理智慧1：组织建设与用人之道** 刘文瑞 著	通过历史鉴照当今企业选人用人、二代接班人、创业团队管理等问题
历史深处的管理智慧2：战略决策与经营运作 刘文瑞 著	通过历史鉴照当今企业决策、战略规划、战略冒进、决策监督等问题	**历史深处的管理智慧3：领导修炼与文化素养** 刘文瑞 著	通过历史鉴照当今企业的领导修养、用权、管理风格等问题
老板经理人双赢之道 陈明 著	经理人怎么选平台、怎么开局，老板怎样选/育/用/留		
二、用人			
用好骨干员工 王敏 著	系统化分享关键人才打造与激励方法	**领导这样点燃你的下属** 孟广桥 著	领导者如何才能让员工积极主动地工作
让用人回归简单 宋新宇 著	帮助管理者抓住用人的要害，让用人变得简单	**激活新生代员工** 史量 孙斌 著	走进新生代的世界，一套行之有效的管理、激活90后、95后、00后的方法
三、转型·创业			
创业要过哪些坎 董坤 著	15年创业咨询经验总结的创业遇到的问题及办法	**高潜牛人** 董坤 著	创业和事业发展中如何找到牛人
成为下一个SaaS独角兽 崔牛会 主编	19位SaaS领专家，7个不同的视角总结SaaS行业实践	**创模式：23个行业创新案例** 段传敏 著	CEO社群23位企业家的思考与实践分享
重生——中国企业的战略转型 施炜 著	本书对中国企业战略转型的方向、路径及策略性举措提出了建议和意见	**7个转变，让公司3年胜出** 李蓓 著	企业估值、业务模式、营销、生产制造、客户服务、用户黏性、组织管理7个转变
企业二次创业成功路线图 夏惊鸣 著	五步骤给出了一幅企业二次创业经营突破、管理提升的成功路线图	**跟老板“偷师”学创业** 吴江萍 余晓雷 著	如何通过“偷师”学习与积累当老板的阅历
公司由小到大要过哪些坎 卢强 著	企业成长路线图，现在我在哪儿、未来还要走哪些路都清楚了	**跳出同质思维，从跟随到领先** 郭剑 著	66个精彩案例剖析，帮助老板突破行业长期思维惯性

续表

书名	内容	书名	内容
极速增长：企业扩张策略 董坤　著	以“8shoes扩张法则”为思考框架，帮助处于这个阶段的创业公司及以创业公司形式孵化的变革型项目做出清晰的战略选择		
企业经营			
经营打造你的盈利系统 高可为　著	选择最有效的经营策略，打造属于自己的商业模式	**中国企业的觉醒** 王涛　著	企业告别自私、野蛮，转向善良、爱，才会赢得消费者
成为敏感而体贴的公司 王涛　著	未来有竞争力的企业，一定是那些敏感而体贴的公司	**有意识的思考** 王涛　著	对头脑中固有观念保持觉察，从而超越它们的局限
简单思考 孔祥云　著	著名咨询公司（AMT）CEO创业历程中的经验与思考	**写给企业家的公司与家庭财务规划** 周荣辉　著	以企业的发展周期为主线，介绍各阶段企业与企业主家庭的财务规划
从10亿到100亿的企业顶层设计 刘建兆　著	重新定义企业成长方式，有效益、有效率、有效能、有效果、有品质的良性成长	**活系统：跟任正非学当老板** 孙行健　尹贤　著	造活系统，使系统活，靠系统活，活的系统
宗：一位制造业企业家的思考 刘建兆　著	发展20年营业额近亿元制造业企业家的思考与心得	**使命：驱动企业成长** 高可为　著	用大企业发展轨迹及企业家的心路历程，揭示企业成长的基因、做事的逻辑
让经营回归简单 宋新宇　著	战略、客户、产品、员工、成长、经营者的经营法则	**边干边学做老板** 黄中强　著	86个案例讲述中小公司成长过程中遇到的问题和方法
盈利原本就这么简单 高可为　著	跨越业务与财务边界，为企业提高盈利水平提供方法	**战略参谋：写出管用的战略报告** 蔡春华　著	企业对自己、市场、行业其实了解更深，助你高质量完成战略规划
不战全胜：给企业家读的孙子兵法 王吉坤　杨伟霞　著	从《孙子兵法》提炼和总结了帮助企业打造行业龙头品牌的体系	**公司离不开的全栈运营高手：产品运营与推广获客** 王虎　著	涉及运营案例、思维理论、实操复盘、管理方式、推广策略等，是作者八年运营推广经验的浓缩

续表

书名	内容	书名	内容
公域引流　私域经营：这样经营用户关系 王庆云　汪洋　著	为大中型企业提供私域建设的顶层和全景式框架，探索不同业务特性可能适配的不同私域模式	**平台生态：价值创造与价值获取** 彭毫　罗珉　著	厂商之间的竞争已经从产品转到平台，如何创造新的价值创造和获取模式，是企业最想得到的答案
合伙制经营：有效激励，而不丧失控制权 胡八一　著	重点阐述实施合伙制的流程，通过四步为企业家提供一种有效激励而不丧失控制权的工具和方法	**机制创造人才** 彭剑锋　尚艳玲　著	华夏基石专家团著作，为个体赋能，经营人成就人，进行机制创新和价值管理
企业融资：投资人没告诉你的那些事 杨军　著	资深投资人揭示融资“潜规则”，让企业有的放矢		
管理·管理学			
一、企业管理			
让管理回归简单 宋新宇　著	从目标、组织、决策、授权、人才、老板自己等提供方案	**管理的尺度** 刘文瑞　著	西医式的体检化验，又要施加中医式的望闻问切
管理：以规则驾驭人性 王春强　著	人性驾驭角度权度运筹安排的可兑现性，管理有效性	**看电影，学管理** 刘文瑞　著	十六部电影的解读，揭示电影内含的管理之道
好管理　靠修行 曾伟　著	从佛法、道法思想中寻找管理智慧	**公司大了，怎么管** 金国华　著	成长型企业发展中的共性问题，通过案例实录解开
低效会议怎么改 王玉荣　葛新红　著	从梳理公司会议体系的层面改变低效会议的现状	**年初订计划年尾有结果** 郭晓　著	总结七步落地方案让战略计划切实落地实现
分股合心 段磊　周剑　著	围绕股权激励，详细介绍相关知识和实行方法	**员工心理学超级漫画版** 邢雷　著	以漫画形式对组织中个体心理的全面介绍和深入探讨
让投诉客户满意离开 孟广桥　著	投诉法律法规，应对各种投诉技巧等提升客诉能力	**管理就是定计划，抓落实** 张国祥　著	员工“看了就会、拿来就用”的计划制订操作指南
不读韩非子，怎么当老板 王春强　著	通过集中分析有关人性的内容，引导现代管理者更深理解人性是如何影响企业运行，以及管理者应如何因人性而实施管理	**重新想象组织** 彭剑锋　尚艳玲　著	华夏基石专家团著作，通过组织变革逐步进化，找到成长之道，让企业可持续发展

续表

书名	内容	书名	内容
战略管理有方法 和恒咨询　著	结合中国企业实践总结的一套独创性、实操性的战略方法，100＋工具轻松做战略	高管如何为公司创造高增长 彭剑锋　尚艳玲　主编	战略驱动着企业成长，企业又该如何突破增长的瓶颈
二、管理思想			
管理学的奠基者 刘文瑞　著	近代以来的管理思想发展揭示管理思想的演化奥秘	巴纳德组织理论研读 郭威　著	深度研读巴纳德《经理人员的职能》，帮你理解和看懂
管理学在中国 刘文瑞　著	科学看待管理学流入中国，对继承发展进行深入的阐述	德鲁克管理学 张远凤　著	以德鲁克管理思想发展为线展示20世纪管理学的发展
德鲁克与他的论敌们 罗珉　著	德鲁克与马斯洛、戴明等诸多管理大师论战的故事	德鲁克管理思想解读 罗珉　著	全面解构德鲁克思想的精髓与实践价值
治论：中国古代管理思想 张再林　著	深入分析中国古代哲学基本精神的基础上，梳理分析了儒法墨三家的管理思想	流程经理10年案例笔记 王焕东　著	用自身工作和生活中的鲜活案例及思考后的心得呈现不一样的流程管理思想
透过决策看组织 李慧才　著	对西蒙管理行为进行贴近企业的通俗化解析和阐释	为什么高管爱读德鲁克 王鹏　著	辅助深读德鲁克、提升管理认知
营销·销售			
一、企业销售			
大客户销售这样说这样做 陆和平　著	大客户销售活动的十大模块，68个典型销售场景	向高层销售 贺兵一　著	销售人员与客户高层打交道需要重点掌握的知识、技巧
资深大客户经理 叶敦明　著	将大客户经理必须具备的规划、策略、执行三种能力运用自如	成为资深的销售经理 陆和平　著	让销售经理成功把握销售管理的6个关键点，并提供工具
销售是个专业活 陆和平　著	据客户采购流程拆分销售过程十阶段，讲解方法技巧	学话术　卖产品 张小虎　著	手机、电动车、家电、食品等消费品的一线销售话术
工程项目大客户销售攻略 陆和平　著	三十八讲循序渐进，全方位透视工程大项目拿单的奥秘，通俗易懂，看了就能用	大客户销售谈判：获得利润的最快途径 陆和平　著	从不会谈判到成为谈判专家，帮助你在与大客户的谈判中轻松说服对方，实现从一次成交、成本价成交到高价成交、持续成交的转变

续表

书名	内容	书名	内容
二、企业营销			
新营销组织力 迪智成　著	适应最新数字化外部环境，系统化协同组织能力建设	**营销按钮** 老苗　著	讲述存在于人性及各个营销环节中的“按钮”
精品营销战略 杜建君　著	“精品营销战略”核心逻辑与营销组合策略	**360°谈营销** 王清华　古怀亮　著	营销是立体的，从不同角度观察不同企业的营销精髓
互联网精准营销 蒋军　著	互联网时代整体策划、包装品牌和产品	**招招见销量的营销常识** 刘文新　著	做好基本的营销动作都可以提高销量、降低成本
用数字解放营销人 黄润霖　著	用数字说话覆盖营销工作的方方面面	**用营销计划锁定胜局** 黄润霖　著	让营销计划落地，营销人员只需解决两个问题：基数与概率
我们的营销真案例 联纵智达研究院　著	五芳斋粽子、诺贝尔瓷砖、利豪家具、保健品、娃哈哈	**中国营销战实录** 联纵智达研究院　著	51 个案例，46 家企业，46 万字，18 年积淀
弱势品牌如何做营销 李政权　著	产品与物流通道、服务通道、促销互动通路，提供方法	**解决方案营销实战案例** 刘祖轲　著	十大工业品作者实操案例解码解决方案营销
升级你的营销组织 程绍珊　吴越舟　著	根据企业的实际情况建立有机性营销组织	**变局下的营销模式升级** 程绍珊　叶宁　著	十年大量案例归纳三种核心驱动要素、三种升级方向
老板如何管营销 史贤龙　著	十六个招式，理论与案例相结合，高段位营销方法	**孙子兵法营销战** 刘文新　著	理解《孙子兵法》原意的同时，还可体悟到营销之用
新营销 2.0：从深度分销到立体连接 刘春雄　公方刚 牛恩坤　等著	立体连接打通三度空间，在互联网时代诞生快消品领域的超级巨头		
三、品牌			
中国品牌营销十三战法 朱玉童　著	深度演绎最符合企业品牌营销策划的十三套实战战法	**中小企业如何打造区域强势品牌** 吴之　著	从如何建立强势品牌的角度解析扩张难题
小众战略：小资源打造强势品牌 吴修利　著	从品牌观念、市场调研、竞争机会、内部调整等角度，对产品、渠道、传播等核心原则进行了系统梳理	**把品牌建在顾客心里：4 步实现品牌 IP 化** 张学军　著	让品牌自带话题，自主传播

续表

书名	内容	书名	内容
四、营销策划			
这样写文案，就没有卖不动的产品 秦剑　刘安丽　著	术、法、道三个层面由浅至深培养商业文案创作能力	**洞察人性的营销战术** 沈坤　著	介绍了28个匪夷所思的营销怪招，大部分可以直接运用
双剑破局：沈坤营销策划案例集 沈坤　著	双剑公司8年来的实操案例，每个项目诞生过程、策划角度和方法	**社区团购就这么干：供应商·平台·团长·用户** 陈海超　杨顶刚　著	分享最新实践经验，一看就懂，照着就能做
企业案例			
鲁花：一粒花生撬动的粮油帝国 余盛　著	鲁花如何成长为优秀的带动农业产业发展的品牌，鲁花你一定学得会	**金龙鱼背后的粮油帝国** 余盛　著	以金龙鱼为脉的一部中国粮油行业的史诗
你不知道的加多宝 曲宗恺　牛玮娜　著	以时间为轴线，详细叙述了加多宝品牌的发展历程	**静水流深** 黄治国　著	作者在美的十五年对何享健内部讲话资料的整理
娃哈哈区域标杆 罗宏文　快车君 赵晓萌　寇尚伟　著	讲娃哈哈豫北市场如何成为娃哈哈全国第一大市场、全国增量第一的市场	**借力咨询：德邦成长背后的秘密** 官同良　王祥伍　著	德邦将自己积累的与咨询公司发展共赢的合作逻辑和盘托出
六个核桃凭什么从0过100亿 张学军　著	全视角深度解读养元企业的裂变成长，复盘十年蜕变轨迹	**像六个核桃一样** 王超　著	六个核桃为什么卖得这么好，产品畅销的6大要义36条简明法则
中国首家未来超市 IBMG集团　著	对乐城超市的掌门人及内部员工的采访详细阐释了乐城的经验	**三四线城市超市如何快速成长：解密甘雨亭** IBMG集团　著	甘雨亭的许多关键经营指标均高于行业标准，学习其成功的方法
集团化企业阿米巴实战案例 初勇钢　著	作者在某酒厂推行阿米巴经营模式的心得		
经销商			
新经销：新零售时代教你做大商 黄润霖　著	探访近100位经销商在传统营销手法上的创新，传统营销微创新和新营销本地化	**商用车经销商运营实战** 杜建君　王朝阳 章晓青　著	对商用车经销商的经营与管理、4S店运营做了全方面的总结

续表

书名	内容	书名	内容
跟行业老手学经销商开发与管理 黄润霖　著	从管理耐用消费品经销商角度提炼了48个代表性问题并给出解决办法	**快消品经销商如何快速做大** 黄润霖　著	经销商如何通过经营实现规模，通过管理实现规模效益
建材家居经销商实战42章经 王庆云　著	经营管理的心法和战法，帮助经销商成为“业务妙手”和“管理能手”	**成为最赚钱的家具建材经销商** 李治江　著	针对建材家居行业的经销商，从销售模式、产品、门店、市场等方面给出方法
白酒经销商的第一本书 唐江华　著	对经销商如何选择厂家、合作、运营品牌等问题给出建议	**快消品招商的第一本书** 刘雷　著	从招商理论到招商动作进行系列化分解，化繁为简
大商方法：榜样经销商与厂家的合作之道 唐道明　著	洞察厂商合作的核心，为经销商提供可行的方法，手把手教你做大商	**快消品经销商成功密码** 舟谱商学院　著	通过8个真实经销商案例，分享快消品经销商成功经验与方法
中小企业			
中小企业如何打造区域强势品牌 吴之　著	从如何建立强势品牌的角度解析扩张难题	**用流程解放管理者** 张国祥　著	8个板块构成，共66篇文章，14幅流程管理图
用流程解放管理者2 张国祥　著	对中小企业规范化流程管理进行系统的阐述	**弱势品牌如何做营销** 李政权　著	产品与物流通道、服务通道、促销互动通路提供方法
本土化人力资源管理8大思维 周剑　著	用最贴近中国中小企业现实管理情境的案例讲述周围人的“家事”	**中小农业企业品牌战法** 韩旭　著	农业企业需要全产业链视野，更需要品牌实战方法
门店管理			
门店销售冠军复制系统 王吉坤　著	门店型企业如何打造可复制的销售冠军系统	**新零售动作分解与实操：建材·家居·家具** 盛斌子　著	对泛家居行业趋势、店面管理、团队管理、促销推广、五感营销等提供策略
家具建材促销与引流 薛亮　李永锋　著	对泛家居营销执行模式和工具、关键环节等进行汇总	**建材家居门店6力爆破** 贾同领　著	产品力、导购力、形象力、推广力、服务力、组织力
家具行业操盘手 王献永　著	总结家具终端门店发展的现状及问题并给出策略	**手把手教你做专业督导** 熊亚柱　著	系统梳理督导的核心技能，岗位职责、工作流程及技能

续表

书名	内容	书名	内容
手把手帮建材家居导购业绩倍增 熊亚柱　**著**	针对建材家居门店的业务人员，用案例故事还原场景教你成为好导购	**10 步成为最棒的建材家居门店店长** 徐伟泽　**著**	梳理店长管理的核心工作职责、店面管理规范，帮助销售人员成长
建材家居门店销量提升 贾同领　**著**	9 个板块讲述建材门店一个单店如何做到经营的良性循环	**总部有多强大，门店就能走多远** IBMG 集团　**著**	五大方向综合阐述连锁零售企业总部如何提升管理能力
赚不赚钱靠店长，从懂管理到会经营 孙彩军　**著**	注重专卖店的经营思路拓展、门店管理细节方面能力的提升	**新医改了，药店就要这样开** 尚锋　**著**	从药店定位的思考，内部和会员管理等方面探讨中小型药店发展方向
电商来了，实体药店如何突围 尚锋　**著**	新时代药店经营的三驾马车：药学专业服务、会员贴心服务和精准定向促销	**引爆药店成交率 1：店员导购实战** 范月明　**著**	药店人的零售工作，怎样接待顾客，完善销售技巧
引爆药店成交率 2：药店经营实战 范月明　**著**	从药店经营角度建立改善门店现状的实用标准	**引爆药店成交率：专业化销售解决方案** 范月明　**著**	从简单的拿药服务到提供多角度的专业解决方案
口腔门诊盈利倍增：精益口腔 杨伟霞　王吉坤　**著**	为口腔门诊定制业绩提升管理系统并落地实施		
互联网			
一、互联网转型			
画出公司的互联网进化路线图 李蓓　**著**	18 个“可以……吗”的问题作为产品、客户和价值方面的指引牌	**7 个转变，让公司 3 年胜出** 李蓓　**著**	企业估值、业务模式、营销、生产制造、客户服务、用户黏性、组织管理 7 个转变
重生战略移动互联网和大数据时代的转型法则 沈拓　**著**	四个重生战略对应四个法则，告知传统企业的转型重生之路	**创造增量市场：传统企业互联网转型之道** 刘红明　**著**	为读者提供了寻找这些互联网的切入点和接触点的具体方法，带来增量市场
互联网 + 变与不变 本土管理实践与创新论坛　**著**	61 篇精华文章，聚焦传统行业如何互联网 + 时代转型	**今后这样做品牌** 蒋军　**著**	顶层设计、营销创新、产品战略、渠道变革、品牌策略
移动互联新玩法 史贤龙　**著**	立足现实，剖析新时代背景下的移动互联趋势与热点	**互联网时代的成本观** 程翔　**著**	多维组合成本的互联网精神和大数据特征及应用

续表

书名	内容	书名	内容
正在发生的转型升级实践 本土管理实践与创新论坛　著	100 多位本土管理专家当年对最新一年的思考和实践	**1000 铁杆女粉丝** 张兵武　著	如何让普通女性成为忠实追随的铁杆粉丝，磁力点、情感结、甜蜜区、信任圈
混沌与秩序Ⅰ：变革时代企业领先之道 彭剑锋　施炜 苗兆光　王祥伍 孙波　夏惊鸣	新环境下企业面临变革应如何应对，企业家如何坚守并与企业共同成长	**混沌与秩序Ⅱ：变革时代管理新思维** 彭剑锋　施炜 苗兆光　王祥伍 孙波　夏惊鸣	对处于时代变革下的企业管理新机制、人力资源管理新思维，组织与人的新型关系，结合案例提出优化建议
消费升级：实践·研究 本土管理实践与创新论坛　著	从经营、管理、行业三个方面记录消费升级下的实践	**互联网精准营销** 蒋军　著	互联网时代整体策划、包装品牌和产品
智能推荐：让你的业务千人千面 刘国昊　周波　著	从资讯、电商、文娱行业来详细讲解智能推荐的应用，用户时间的争夺战	**制造业外贸营销网站建设** 宋金亮　著	介绍整个网站从无到有的实现过程，从分析思路、撰写内容到规划页面，列举了大量正反面实例，帮助读者理解和投入实践
二、抖音、微信微商、电商			
抖音营销系统 刘大贺　著	抖音系统的实战营销知识，上百个从 0 做大的案例	**金牌微商团队长** 罗晓慧　著	微商团队长创业实操的指导工具书
微商生意经：真实再现 33 个成功案例操作全程 伏泓霖　罗晓慧　著	精心挑选的 33 个微商成功案例，阐述具体操作过程	**快速见效的企业微信营销方法** 孙巍　著	站在微信生态的立体高度系统讲述企业微信快营销方法论
阿里巴巴实战运营：14 招玩转诚信通 聂志新　著	产品定位、阿里巴巴排名因素、数据分析、标题优化等	**阿里巴巴实战运营 2：诚信通热卖技巧** 聂志新　著	打开诚信通运营的金钥匙，十大具体运营技巧
三、行业新营销			
餐饮新营销 杨勇　程绍珊　著	聚焦餐饮企业转型，系统的餐饮企业营销管理体系	**新零售进化路径** 李政权　著	预先复盘新零售及商业的未来，找到方向
珠宝黄金新营销 崔德乾　著	珠宝业新营销/新品牌/新产品/新零售/新连接/新场景/新服务/新传播/新管理	**新经销：新零售时代教你做大商** 黄润霖　著	探访近 100 位经销商在传统营销手法上的创新，传统营销微创新和新营销本地化

续表

书名	内容	书名	内容
新零售动作分解与实操：建材·家居·家具 盛斌子　著	对泛家居行业趋势、店面管理、团队管理、促销推广、五感营销等提供策略	**新营销** 刘春雄　著	让品牌商和渠道商掌握获得独立流量的能力，能够与平台商博弈
快速见效的企业网络营销方法 B2B　大宗 B2C 张进　著	数据和案例90%来自作者服务的中小企业，快速全面地学习企业网络营销方法	**移动互联下的超市升级** 联商网专栏　著	超市未来的发展趋势，对社区超市、生鲜、全渠道建设、O2O等提出观点
百货零售全渠道营销策略 陈继展　著	零售行业的竞争重点、行业本质、战略转型、未来趋势、经验和案例	**互联网时代的银行转型** 韩友诚　著	银行业在互联网金融变革浪潮中所做的积极应对和转型布局
触发需求：互联网新营销样本·水产 何足奇　著	通过鲜誉案例解读阐述水产行业如何进行互联网转型	**新农资如何弯道超车** 刘祖轲　著	从农业产业化、互联网转型、行业营销与经营突破四个方面阐述农资企业转型
新零售　新终端 迪智成　著	将新零售系统打法做梳理并落地在新终端建设上		
医药医疗			
一、药店			
新医改了，药店就要这样开 尚锋　著	从药店定位的思考、内部和会员管理等方面探讨中小型药店发展方向	**电商来了，实体药店如何突围** 尚锋　著	新时代药店经营的三驾马车：药学专业服务、会员贴心服务和精准定向促销
引爆药店成交率 1：店员导购实战 范月明　著	药店人的零售工作，怎样接待顾客，完善销售技巧	**引爆药店成交率 2：药店经营实战** 范月明　著	从药店经营角度建立改善门店现状的实用标准
引爆药店成交率：专业化销售解决方案 范月明　著	从简单的拿药服务到提供多角度的专业解决方案	**连锁药店新风口：资本　智能　大数据** 动脉网　著	对我国连锁药店的市场环境、行业现状等进行分析，给出对连锁药店未来发展趋势的预判
药店导购关联销售技巧与成交话术 范月明　著	以药店情景案例导入，介绍常见疾病的导购销售话术与顾客心理分析，进而提供关联销售解决方案		

续表

二、药品销售			
书名	内容	书名	内容
医药第三终端：从控销到动销 诊所 基层医疗 王祥君 张芳文 著	用大量案例来梳理药企落地动销的策略、方法和技战术	**医药营销：诊所开发维护与动销** 张江民 著	从六个方面系统阐述基层诊所市场营销攻略
处方药合规推广实战宝典 赵佳震 著	对处方药推广体系搭建、推广人员岗位内容等六个方面进行阐述	**医药代理商经营全指导** 戴文杰 著	从产品选择、价格体系设计、路径管理等维度描述代理商产品操作的基本策略
处方药零售这样做 田军 著	处方药零售的重要性及做市场的具体措施和方法	**OTC 医药代表药店开发与维护** 鄢圣安 著	一位从初级 OTC 医药销售代表成长起来的销售经理的经验分享
OTC 医药代表药店销售 36 计 鄢圣安 著	以《三十六计》为线，阐述 OTC 医药代表向药店销售的技巧与策略	**做医生信赖的医药代表** 邹晓徽 宁剑锋 朱文虎 著	医药代表如何在合规要求下做好药品推广工作的操作工具书
三、药企转型			
药企战略·运营与医药产业重构 杜臣 著	医药产业的深度认知与发展趋势结合，战略思考与经营操作相统一	**医药行业大洗牌与药企创新** 林延君 沈斌 著	围绕创新介绍医药行业，介绍近百家医药企业创新实践案例
医药新营销 史立臣 著	从药企最关心的八个方面阐述制药企业、医药商业企业营销模式转型	**医药企业转型升级战略** 史立臣 著	从商业模式转型、管理转型、定位转型、运营模式转型和跨界转型五方面阐述转型
新医改下的医药营销与团队管理 史立臣 著	立足新医改相关政策的解读，为中小医药企业出谋划策	**在中国，医药营销这样做** 段继东 著	时代方略在医药营销领域思想、方法文章的精选合集
四、新医疗			
成为医疗器械领军者 王强 著	中小医疗器械生产企业和代理商怎样转型	**新型诊所经营与创新** 动脉网 著	对新型诊所从标准化管理、经营方式、团队建设、连锁模式四个方面进行解读
医美新风口：颜值经济下的亿万市场 动脉网 著	详细介绍中国医疗美容行业的发展趋势、现状及医美产业链等	**互联网医院：正在发生的医疗新变革** 动脉网 著	介绍互联网医院的建设与运营、管理，发展模式和市场布局，以及发展规律

续表

快消品			
书名	内容	书名	内容
一、快消案例			
中国快消品营销这些年 史贤龙　著	一本书浓缩快消品营销15年的实战历程与前沿思考	这样打造大单品 迪智成　著	通过13个大案例帮助企业梳理打造大单品的路径
你不知道的加多宝 曲宗恺　牛玮娜　著	以时间为轴线，详细叙述了加多宝品牌的发展历程	娃哈哈区域标杆 罗宏文　快车君 赵晓萌　寇尚伟　著	娃哈哈豫北市场如何成为娃哈哈全国第一大市场、全国增量第一的市场
六个核桃凭什么从0过100亿 张学军　著	全视角深度解读养元企业的裂变成长，复盘十年蜕变轨迹	像六个核桃一样 王超　著	六个核桃为什么卖得这么好，产品畅销的6大要义36条简明法则
5小时读懂快消品营销 陈海超　著	20年快消品市场风云洞察解码，丰富的案例解析		
二、快消品区域经理			
快消品营销团队管理 刘雷　伯建新　著	快消品团队管理相关的20余个工具+20余个案例	这样打造快消品区域标杆 罗宏文　牛玉龙　著	分两篇解决如何成功打造标杆市场和进行持续增量管理两大问题
成为优秀的快消品区域经理（升级版） 伯建新　著	作为区域经理的“速成催化器”，升级版增加11篇内容	快消老手都在这样做：区域经理操盘锦囊 方刚　著	一线成长起来的资深快消品营销人“压箱底”绝活
快消品营销人的第一本书 刘雷　伯建新　著	针对一线厂家业务员工作中常遇到的问题给予建议	销售轨迹：一位快消品营销总监的拼搏之路 秦国伟　著	一个普通营销人的故事，16年背井离乡的职场拼搏之路
快消品营销：一位销售经理的工作心得2 蒋军　著	从市场操作、团队管理、传播推广、营销的具体策略和战略等方面提供方法	快消品区域/城市经理全渠道管理 许翔　著	一位在日化巨头一线打拼多年的城市经理操作经验分享
三、快消品动销			
动销：产品是如何畅销起来的 余晓雷　著	从怎么被消费者买走和竞争对手是谁这两个原点解决动销问题	动销操盘：节奏掌控与社群时代新战法 朱志明　著	用七个章节阐述关于动销操盘的要诀，节点、节奏、主次、条件匹配性等问题

续表

书名	内容	书名	内容
动销四维：全程辅导与新品上市 高继中　著	从产品、渠道、促销和新品上市四个方面详细讲解提高动销的具体方法	**快消品经销商这样做才赚钱** 张宇　著	从全新的角度，解读经销商的经营困境，并提供可实操的解决方法
四、快消品渠道			
深度分销 施炜　著	渠道价值链、模式选择、渠道策略与管理、零售经销商管理、最佳实践、团队建设	**通路精耕操作全解** 周俊　陈小龙　著	对康师傅的制胜法宝通路精耕进行系统的介绍与说明，图表和完善入微的操作方法
酒水饮料快消品餐饮渠道营销手册 朱伟杰　著	对餐饮渠道深入挖掘，建立适合餐饮渠道发展的服务模式和组织保障措施	**快消品经销商如何快速做大** 杨永华　著	经销商如何通过经营实现规模，通过管理实现规模效益
快消品营销与渠道管理 谭长春　著	解决日常涉及的渠道管理、市场、产品等营销事务	**快消品招商的第一本书** 刘雷　著	从招商理论到招商动作进行系列化分解，化繁为简
采纳方法：化解渠道冲突 朱玉童　著	21 个最新的渠道冲突案例立体地介绍渠道冲突的现象和方法	**快消品促销管理与方案：规划 技能 工具** 张荣举　著	涵盖促销规划、打法、具体落地执行的细节和终端人员技能及训练，结合线上线下运作，提供全套方法
五、快消品企业战略			
重构：升级你的竞争优势 杨永华　著	用 7 大思维，帮你的企业提升档位	**变局下的快消品实战策略** 杨永华　著	从 5 个角度针对快消品企业如何应对行业变局给出答案
新营销 刘春雄　著	让品牌商和渠道商掌握获得独立流量的能力，能够与平台商博弈	**采纳方法：破解本土营销 8 大难题** 朱玉童　著	破解困扰营销人的八大难题，给出解决方法
白酒营销培训宝典：复制高业绩 刘孝鞅　著	总结白酒营销人员系统运作市场的要点，转化为易学可复制的动作和工具表单	**酒水饮料快消品餐饮渠道营销手册** 朱伟杰　著	对餐饮渠道深入挖掘，建立适合餐饮渠道发展的服务模式和组织保障措施
白酒			
白酒营销的第一本书 唐江华　著	多角度阐释白酒一线市场操作的最新模式和方法	**白酒经销商的第一本书** 唐江华　著	对经销商如何选择厂家、合作、运营品牌等问题给出建议

续表

书名	内容	书名	内容
白酒到底如何卖 赵海永　著	多角度阐释白酒一线市场操作的最新模式和方法	**白酒到底如何卖 2：从市场培育到动销** 赵海永　著	系统化、标准化、模式化的促成动销的实战操作方式和方法
变局下的白酒企业重构 杨永华　著	白酒企业重构期的营销战略与实操策略 6 大方法	**酒业转型大时代** 微酒　著	酒水营销、新闻资讯及行业分析、预测的知识宝典
区域型白酒企业营销必胜法则 朱志明　著	以 36 条法则从战略、营销、推广、产品线、品牌、市场、战术等方面提供方法	**10 步成功运作白酒区域市场** 朱志明　著	从市场攻守、产品攻略、新品上市、占领渠道、促销等十个层面阐述
白酒营销 1：中小酒企操盘与崛起 徐伟　徐涛　著	深入分析品牌与行业、操作方法，提供营销实操宝典	**白酒营销 2：品类创新　策略升级** 黑格咨询　著	立足行业现状，建立品类创新、营销模式创新路径，提供市场建设方法、营销策略与工具案例
茶·调味品·油·乳业			
营销中国茶：2 小时读懂茶叶营销 史贤龙　著	中国茶营销的“困局”“破局”和“创举”	**中国茶叶营销第一书** 柏龑　著	纵览中国茶叶市场的全局，并且有针对性地提出问题并阐述解决方法
调味品营销第一书 陈小龙　著	15 年监控中国市场 50 个中外著名调味品品牌市场运作、管理等的经验总结	**调味品企业八大必胜法则** 张戟　著	提炼了调味品企业八大规律性的关键成功要素
食用油营销的第一本书 余盛　著	从小包装油行业概述到产品的基本知识，从基本执行动作到品牌整体策划等	**鲁花：一粒花生撬动的粮油帝国** 余盛　著	鲁花如何成长为优秀的带动农业产业发展的品牌
金龙鱼背后的粮油帝国 余盛　著	以金龙鱼为脉的一部中国粮油行业的史诗	**乳业营销的第一本书** 侯军伟　著	区域型乳品企业如何才能稳健发展
调味品经销商公司化运营 张戟　著	调味品和快消品经销商如何从“个体户”到“公司化”，一步步推进的具体方法		

续表

工业品			
书名	**内容**	**书名**	**内容**
一、工业品销售			
大客户销售这样说这样做 陆和平　著	大客户销售活动的十大模块，68个典型销售场景	**销售是个专业活** 陆和平　著	据客户采购流程拆分销售过程十阶段、讲解方法技巧
成为资深的销售经理：B2B工业品 陆和平　著	让销售经理成功把握销售管理6个关键点，并提供工具	**一切为了订单：订单驱动下的工业品营销实践** 唐道明　著	以订单流程的三个环节为主线讲述工业品营销管理新思路
订单是这样拿到的 郑文洲　著	作者近10年销售生涯的回顾，真实销售故事和成功经验分享		
二、工业品营销			
工业品营销管理实务（第4版） 李洪道　著	是信任导向工业品营销体系的深化版、工业品营销管理体系优化咨询的升级版	**工业品企业如何做品牌** 张东利　著	为当下中国制造的品牌化转型提供经过实践证明的理念、方法和体系
工业品市场部实战全指导 杜忠　著	解决职能不清、市场部五大职能如何运作、职业发展路径等具体问题	**解决方案营销实战案例** 刘祖轲　著	十大工业品作者实操案例解码解决方案营销
资深大客户经理：策略准　执行狠 叶敦明　著	将大客户经理必须具备的规划、策略、执行三种能力运用自如		
三、工业品企业			
变局下的工业品企业7大机遇 叶敦明　著	探索工业品企业成长的新机会，7大战略与战术性机会	**两化融合管理体系贯标流程与方法** 戴勇　著	融合五十多家企业在两化融合贯标过程的经验，总结重点与举措
丁兴良讲工业4.0 丁兴良　著	多角度阐述中国在工业4.0的机遇和挑战		
建材家居			
一、建材家居门店			
家居建材促销与引流 薛亮　李永锋　著	对泛家居营销执行模式和工具、关键环节等进行汇总	**新零售动作分解与实操：建材·家居·家具** 盛斌子　著	对泛家居行业趋势、店面管理、团队管理、促销推广、五感营销等提供策略

续表

书名	内容	书名	内容
家具行业操盘手 王献永　著	总结家具终端门店发展的现状及问题并给出策略	**手把手教你做专业督导** 熊亚柱　著	系统梳理督导的核心技能、岗位职责、工作流程及技能
手把手帮建材家居导购业绩倍增 熊亚柱　著	针对建材家居门店的业务人员、案例故事还原场景，教你成为好导购	**10 步成为最棒的建材家居门店店长** 徐伟泽　著	梳理店长管理的核心工作职责、店面管理规范和帮助销售人员成长
建材家居门店销量提升 贾同领　著	9 个板块讲述建材一个单店如何做到经营的良性循环	**建材家居门店 6 力爆破** 贾同领　著	产品力、导购力、形象力、推广力、服务力、组织力
二、建材家居经销商			
新经销：新零售时代教你做大商 黄润霖　著	探访近 100 位经销商在传统营销手法上的创新，传统营销微创新和新营销本地化	**建材家居经销商 42 章经** 王庆云　著	经营管理的心法和战法，帮助经销商成为“业务妙手”和“管理能手”
成为最赚钱的家具建材经销商 李治江　著	针对建材家居行业的经销商，从销售模式、产品、门店、市场等方面给出方法		
三、建材家居企业			
定制家居黄金十年 韩锋　翁长华　著	对中国定制家居行业 20 年发展历程进行深度、系统、专业的解读	**建材家居营销：除了促销还能做什么** 孙嘉晖　著	探索家居建材行业营销的革命，发现行业“营销天花板”的突破口
建材家居营销实务：新环境、新战法 程绍珊　杨鸿贵　著	针对建材家居市场特点提出以客户价值为基础的整体营销价值链	**全屋整装　高利润运营手册** 翁长华　陈平　著	十大维度解决实际问题，是 0 到 1 极具操作性的整装指南
零售·餐饮·服装·影院·美容院			
新零售进化路径 李政权　著	预先复盘新零售及商业的未来，找到方向	**新零售　新终端** 迪智成　著	梳理新零售系统打法并落地在新终端建设上
移动互联下的超市升级 联商网　著	超市未来的发展趋势，对社区超市、生鲜、全渠道建设、O2O 等提出观点	**百货零售全渠道营销策略** 陈继展　著	零售行业的竞争重点、行业本质、战略转型、未来趋势、经验和案例
超市卖场定价策略与品类管理 IBMG 集团　著	零售企业的市场拓展与商品定位、商品结构与商品陈列、毛利分析与库存分析	**连锁零售企业招聘与培训破解之道** IBMG 集团　著	围绕零售企业组织架构、培训体系建设等内容进行探讨

续表

书名	内容	书名	内容
总部有多强大，门店就能走多元 IBMG 集团　著	五大方向综合阐述连锁零售企业总部如何提升管理能力	**三四线城市超市如何快速成长：解密甘雨亭** IBMG 集团　著	甘雨亭的许多关键经营指标均高于行业标准，学习其成功的方法
中国首家未来超市：解密安徽乐城 IBMG 集团　著	对乐城超市的掌门人及内部员工的采访详细阐释了乐城的经验	**零售：把客流变成购买力** 丁昀　著	通过大量的实际案例对中国零售业态的升级转型之路提出思考
餐饮新营销 杨勇　程绍珊　著	聚焦餐饮企业转型，系统的餐饮企业营销管理体系	**电影院的下一个黄金十年** 李保煜　著	介绍了中国电影产业的运作模式及电影院的开发、设计思路
餐饮企业经营策略第一书 吴坚　著	阐述餐饮企业产品之道、市场之道、顾客之道及盈利之道	**赚不赚钱靠店长，从懂管理到会经营** 孙彩军　著	注重专卖店的经营思路拓展，门店管理细节方面能力提升
时装买手自学通 范敏娜　编著	从流行趋势调研、商品企划、采购渠道、数据管理到店铺销售等时装买手需要具备的能力与操盘技巧	**美容院/养生馆高盈利经营模式** 陈鹏飞　著	5 步实现店铺高盈利方法与策略
农牧业			
一、农资			
饲料营销有方法 陈石平　著	饲料营销的 7 大核心命题	**农资营销实战全指导** 张博　著	在农资市场行之有效的营销策略和工具
新农资如何弯道超车 刘祖轲　著	农业产业化、互联网转型、行业营销与经营突破		
二、农牧企业			
中国牧场管理实战 黄剑黎　著	对牧场管理标准、管理制度、操作规程做出剖析和指引	**中小农业企业品牌战法** 韩旭　著	农业企业需要全产业链视野，更需要品牌实战方法
变局下的农牧企业 9 大成长策略 彭志雄　著	为农牧企业量身打造了 9 个立足现在、展望未来的成长策略	**农产品营销实战第一书** 胡浪球　著	针对 33 个农产品营销的核心问题提供具体招数
农产品全网营销 吴之　著	帮助全国农业合作社、家庭农场打造农产品品牌		

续表

地产·汽车			
书名	内容	书名	内容
一、地产			
中国城市群房地产投资策略 吕俊博　刘宏　著	挖掘主要城市群的现状特征、发展因子、演化趋势、竞争关系等，给出分析建议	**产业园区/产业地产：规划、招商、实战运营** 阎立忠　著	从认知、规划、招商、运营四方面系统解读产业园区的建设精要和运营技巧
人文商业地产策划 戴欣明　著	"全球化视野（创意）"＋"人文＋"思维	**产业园区/产业地产2：系统化经营与操盘攻略** 阎立忠　著	全方位系统解析产业园区运营策略
从零开始打造产业园区 刘晓君　著	全流程，系统化，注重细节，多角度教你打造产业园区		
二、汽车			
书名	内容	书名	内容
商用车经销商运营实战 杜建君　著	对商用车经销商的经营与管理、4S店运营做了全方面的系统总结	**汽车配件这样卖** 俞士耀　著	适合轮胎、机油、维修、快保、美容、洗车等汽车服务业态销售实操办法
润滑油销售：这样说，这样做更有效 张金荣　著	总结润滑油销售面对三大客户常遇到的200余个营销问题解决方法	**润滑油品牌营销** 张金荣　著	没有说教，只有方法，适合小微企业、代工品牌、经销商、营销人阅读
投资理财·收购资本			
交易心理分析 马克·道格拉斯 【美】　著	一语道破赢家的思考方式，并提供了具体的训练方法	**财报背后的投资机会** 蒋豹　著	零基础轻松掌握财务报表的相关知识，快速入门
写给企业家的公司与家庭财务规划 周荣辉　著	以企业的发展周期为主线，介绍各阶段企业与企业主家庭的财务规划	**分股合心** 段磊　周剑　著	围绕股权激励，详细介绍相关知识和实行方法
成功并购300问 浩德并购军师联盟　著	系统学习资本运作和企业并购知识的金融工具书	**并购名著阅读指南** 叶兴平　著	从全球5000多本并购图书中精选200本并进行评价
避开股权合伙这些坑 苏雯静　著	根据创始合伙人、外部合伙人、内部合伙人等方面的实际案例做归纳和梳理	**产业并购操盘手** 张军杰　著	15个案例，11个范本，38个图表，拿来即用

续表

书名	内容	书名	内容
科创板 IPO 上市全流程指导 丁先云　刘海旭　著	不仅有各项制度的深入剖析，更有各种问题和解决方案的详细论述，配合案例，轻松操作		
阿米巴			
阿米巴经营的中国模式 李志华　著	基于阿米巴经典理念提出了适合中国本土的员工自主经营的“1532”模型	**集团化企业阿米巴实战案例** 初勇钢　著	作者在某酒厂推行阿米巴经营模式的心得
中国式阿米巴落地实践之激活组织 胡八一　著	划分原则、裂变与整合、组织管控、重新定位、巴长竞聘和组阁	**中国式阿米巴落地实践之从交付到交易** 胡八一　著	从6个方面阐述经营会计，从交付到交易是成功实施阿米巴的标志
中国式阿米巴落地实践之持续盈利 胡八一　著	企业做成平台、平台做成阿米巴、阿米巴做成合伙制		
人力资源管理			
一、绩效·薪酬			
回归本源看绩效 孙波　著	从目的和概念帮助企业梳理绩效管理与经营的关系	**走出薪酬管理误区** 全怀周　著	从7个常见的薪酬误区入手为企业提供一套系统解决方法
曹子祥教你做绩效管理 曹子祥　著	作者核心授课课程的还原，掌握绩效管理的核心内容	**曹子祥教你做激励性薪酬设计** 曹子祥　著	作者 28 年咨询经验总结，如何进行科学的薪酬体系设计
把招聘做到极致 远鸣　著	资深招聘经理多年工作心得的提炼	**把招聘做到极致 2：灰度招聘全攻略** 黄渊明　李佳倩　著	从实战需求出发，兼容并包各种优秀的招聘理论、方法、经验与工具，并进行创新性的应用
二、招聘·面试·培训			
把面试做到极致 孟广桥　著	一套实用的确定岗位招聘标准，提升面试官技能方法	**世界 500 强资深培训经理人教你做培训管理** 陈锐　著	构建培训体系、培训组织、培训文化、开发培训资源，教你做培训管理
把猎头做到极致 李佳倩　黄渊明　著	帮助猎头顾问从平庸走向优秀	**招聘面试：用提问得到真相** 陈硕　著	十二年资深 HR 招聘面试经验分享，教你学会如何提问

续表

书名	内容	书名	内容
人才评价中心漫画版 邢雷　著	用漫画形式写成的人才测评专业书籍		
三、HR 高管·劳动法			
经营型 HRD 黄渊明　著	总结企业 HRD 如何支撑企业经营，抓好七件关键事情	**人才供应链：实现高绩效均衡的人才管理模式** 许锋　著	打造人才供应链的四大支柱、十项修炼的完整体系
新任 HR 高管如何从 0 到 1 新海　著	到互联网创业型企业担任 HRVP，从 0 到 1 建立较完善的 HR 体系	**人力资源体系与 e－HR 信息化建设** 刘书生　陈莹 王美佳　著	6 大框架、28 个关注点、5 大目标、6 大优势、166 个交付物咨询体系和盘托出
集团化人力资源管理实践 李小勇　著	针对集团型企业人力资源管理的问题提出科学建议	**我的人力资源管理笔记** 张伟　著	第三方咨询视角跳出“技术方法”看人力资源管理
人力资源的 5 分钟劳动法 李皓楠　著	入职管理、在职管理、离职管理中遇到的劳动法问题及应对	**海外人力资源管理：帮企业成功“走出去”** 黄渊明　著	弥补了中国企业海外人力资源管理实践体系建设的空白，具有开创性意义
从零开始学：胜任力模型建模与应用 林丽萍　著	手把手教你做胜任力建模，并通过大量的企业案例拆解介绍模型在各个方面的落地应用	**上市公司总经理助理工作笔记** 黄娜　著	40 个案例，教你从小白助理到资深总助
用好任职资格体系 杨序国　著	以某企业为案例，系统地介绍了企业 HR 如何通过任职资格体系帮助员工成长	**胜任力模型咨询笔记** 韩文卿　著	吸取和总结了世界 500 强企业的胜任力模型搭建体系和方法
四、HRBP			
HRBP 是这样炼成的之菜鸟起飞 黄渊明　著	作者在初步转型 HRBP 两年时间里摸索实践的亲身经历与总结	**HRBP 是这样炼成的之中级修炼** 黄渊明　著	结合作者亲身从事 HRBP 的工作经历，总结 HRBP 的作战故事
HRBP 高级修炼 黄渊明　著	故事方式，HRD 角度深度呈现运用 HRBP 的思维、方法		
企业文化			
企业文化落地本土实践 王祥伍　著	华夏基石“知信行”模型描绘企业文化落地路线图	**企业文化的逻辑** 王祥伍　著	从文化起源深刻剖析文化、效率、企业、企业文化联系

续表

书名	内容	书名	内容
企业文化定位·落地一本通 王明胤　著	企业文化理念传播和落地聚焦的17种方法，解读了近100个实战案例	**36个拿来就用的企业文化建设工具** 海融心胜　著	汇集整理了36个通用的企业文化实践工具
企业文化激活沟通 宋杼宸　安琪　著	系统阐述沟通与企业文化的关系，给予企业提升沟通效能的企业文化解决方案	**企业文化建设超级漫画版** 邢雷　著	用漫画形式写成的企业文化建设专业书籍，理论体系和29个具体的操作方法
在组织中绽放自我 朱仁建　著	个人与组织之间的关系，文化对组织化形成的影响	**用企业文化提升经营绩效** 彭剑锋　尚艳玲　主编	企业要想在竞争中利于不败之地，就不能没有能打胜仗的企业文化与领导力
流程管理			
营销·研发·供应链业务架构与流程管理 谭勋晖　著	营销、研发、供应链三大业务流程变革实践经验总结	**打造集成供应链** 王春强　著	第一用力在"集成"上，梳理内外部相关模块及其依赖关系
人人都要懂流程 金国华　余雅丽　著	50幅流程管理漫画，内部对流程价值理念的高度共识	**用流程解放管理者** 张国祥　著	8个板块构成，共66篇文章，14幅流程管理图
用流程解放管理者2 张国祥　著	对中小企业规范化流程管理进行系统的阐述	**跟我们学建流程体系** 陈立云　罗均丽　著	在《跟我们做流程管理》的基础上丰富了标杆实践案例
质量管理			
16949质量管理体系落地与全套文件汇编 谭洪华　著	对IATF16949每个条款讲解采用理解、作用、落地、模板、成功案例模块解析	**ISO9001：2015制造业文件模板全集** 贺红喜　著	五篇内容组成的完整的质量管理体系工具文件
精益质量管理实战工具 贺小林　著	四个方面对精益质量管理进行了全方位介绍和解读，并提供大量的方法工具	**五大质量工具详解及运用案例** 谭洪华　著	APQP、FMEA、MSA、SPC、PPAP五大质量工具的具体运用
IATF16949质量管理体系详解与案例文件汇编 谭洪华　著	针对IATF16949的标准原文做详细解说，同时提供大量的表单案例	**SA8000：2014社会责任体系认证实战** 吕林　著	将SA8000多版本及10多年的体系实战经验汇编成书
ISO9001：2015新版质量管理体系解读与案例文件汇编 谭洪华　著	对ISO9001：2015新版标准理解和运用操作进行详细解读	**ISO14001：2015新版环境管理体系解读与案例文件汇编** 谭洪华　著	ISO14001：2015改版后的差别和操作运用进行详细讲解

续表

书名	内容	书名	内容
我在世界500强做供应商质量管理 宋华　著	分享汽车行业成熟的供应商质量管理体系和方法，都是作者的亲身经历	**ISO45001职业健康安全管理体系落地+全套案例文件** 谭洪华　著	每个条款清晰讲解，内容完全落地，轻松运用
五大质量工具之FMEA（2019第五版）详解及运用落地 谭洪华　著	对2019年6月修订的第五版FMEA标准进行详解，提供落地操作方法和全部案例文件，可直接套用		
精益生产			
一、精益·JIT·IE			
精益思维：超越对手的力量 刘承元　著	以尊重人性的精益思想为切入点，分别从管理者的精益理念、精益思维、精益实践、精益中国制造等方面进行独到的分析	**比日本工厂更高效** 刘承元　著	管理提升无极限+超强经营力+精益改善里的成功实践
计划与物流精益改善之道 于晓光　著	围绕“计划与物流战略咨询的方法论”进行解析，提供方法论和案例	**300张现场图看懂精益5S** 乐涛　著	通过日本丰田、上市企业案例，用300张现场图系统讲解5S管理
3A顾问精益实践1：IE与效率提升 党新民　苏迎斌 蓝旭日　著	系统、全面地介绍IE工厂管理技术，提高效率创造价值	**3A顾问精益实践2：JIT与精益改善** 肖智军　党新民　著	系统、全面地介绍JIT生产方式，并加入实践案例
高员工流失率下的精益生产 余伟辉　著	从三方面论述推行精益管理时如何应对员工流失	**让员工爱上6S管理** 肖智军　著	提供了众多企业的原版资料、案例，还汇集了一些企业骨干的推行感想、感悟及反思
200张图表学精益管理：IE工厂效率提升方法 刘秀堂　著	IE工程师视角，全是一线经验。精益落地的实操方法，大量图表工具让你上手就能做		
二、生产管理			
化工企业工艺安全管理实操 黄娜　著	围绕化工工艺安全14要素来展开分析	**手把手教你做专业生产经理** 黄娜　著	生产经理如何在信息流、物流、资金流三大流中开展工作

续表

书名	内容	书名	内容
欧博心法：好工厂靠管理 曾伟　著	从管人篇和管事篇帮助读者解决人难管、事难控	**欧博工厂案例1：生产计划管控对话录** 曾伟　曾子豪　著	工厂管理生产计划管控模块的8个全景细节大案例
欧博工厂案例2：品质技术改善对话录 曾伟　曾子豪　著	工厂管理品质、技术、效率管理模块的10个全景细节大案例	**欧博工厂案例3：员工执行力提升对话录** 曾伟　曾子豪　著	工厂管理人员管控模块的5个全景细节大案例
工厂管理实战工具 曾伟　著	中国传统文化指导下的工厂管理工具	**制造业成本倍减42法** 王天江　著	42种经过实际验证有效的成本降低方法，用61个真实案例说明
制造企业上10亿其实并不难 杨小林　著	年产值1亿~10亿元中小制造企业在工厂经营和管理上的业务指导		
三、班组长			
全能型班组：城市能源互联网与电力班组升级 国网天津电力公司	从互联网时期的班组转型升级出发，对新型班组组织模式和运行机制进行设想	**国网天津电力全能型班组建设实务** 国网天津电力公司	聚焦天津电力公司在探索全能型班组转型升级时的优秀实践
咨询·培训师			
培训师事业长青之道 廖信琳　著	培训师自我管理的“洋葱模型”、十项内容与五个层级	**管理咨询师的第一本书** 熊亚柱　著	深度剖析初级入行咨询师在工作中遇到的问题
资深管理咨询顾问工作心得 张国祥　著	使用手册讲述咨询师如何操作项目、老板如何选择咨询师、企业如何自主落地	**手把手教你做顶尖企业内训师** 熊亚柱　著	从开、控、收、编、制、用的角度去履行培训师的职责
TTT培训师精进三部曲上 廖信林　著	手把手教你“深度改善现场培训效果”的一招一式	**TTT培训师精进三部曲中** 廖信林　著	建构一整套培训课程设计与开发的认知架构和方法体系
TTT培训师精进三部曲下 廖信林　著	通过“沉淀职业功力的六度模型”，帮助培训师在职业技能上持续精进		

续表

产品·研发			
书名	内容	书名	内容
研发体系改进之道 靖爽　陈年根 马鸣明　著	取材数十家企业研发改进的咨询实践，提炼一套实操的改进步骤与工具	**新产品开发管理，就用IPD（升级版）** 郭富才　著	把产品经营的思想凝结在新产品开发管理机制中，升级版更丰富
产品开发管理：方法·流程·工具 任彭枞　著	结合超过300家企业的实际研发管理方法，总结问题和方法，大量表格	**资深项目经理这样做新产品开发管理** 秦海林　著	采用过程管理方法，对新产品开发的四大过程进行分析，主要针对小电器产品
产品炼金术Ⅰ：如何打造畅销产品 史贤龙　著	打造畅销产品的四个方法	**产品炼金术Ⅱ：如何用产品驱动企业成长** 史贤龙　著	从经营者视角重新认识产品，快速诊断产品现状
快消品产品开发方法：打造快消爆品 张荣举　著	提供整套实战性的思维、方法、技能和工具，直接带有表格及公式，一看就能上手